세계사를
바꾼
13가지
식물

출판은 사람과 나무 사이에서 이루어지는 가치 있는 일입니다.
도서출판 사람과나무사이는 의미 있고 울림 있는 책으로 독자의 삶을
좀 더 풍요롭게 만들기 위해 최선을 다하겠습니다.

세계사를 바꾼 13가지 식물

이나가키 히데히로 지음

서수지 옮김

사람과 나무사이

세계사를 바꾼 13가지 식물

1판 1쇄 발행 2019년 8월 8일
1판 12쇄 발행 2023년 12월 12일

지은이 이나가키 히데히로
옮긴이 서수지
펴낸이 이재두
펴낸곳 사람과나무사이
등록번호 2014년 9월 23일(제2014-000177호)
주소 경기도 고양시 일산서구 강선로 142, 1701동 302호
전화 (031)815-7176 팩스 (031)601-6181
이메일 jaedoori@hanmail.net
블로그 http://blog.naver.com/saram_namu
페이스북 https://www.facebook.com/saramnamusai/
디자인 박대성

ISBN 979-11-88635-21-4 03900

잘못된 책은 구입하신 곳에서 바꾸어 드립니다.

이 도서의 국립중앙도서관 출판예정도서목록(CIP)은 서지정보유통지원시스템 홈페이지(http://seoji.nl.go.kr)와 국가자료공동목록시스템(http://www.nl.go.kr/kolisnet)에서 이용하실 수 있습니다.(CIP제어번호 : CIP2019026770)

모든 것은 '후추' 때문이었다.

아니, 좀 더 정확히 말하자면

후추를 향한 인간의 '검은 욕망'에서 시작되었다.

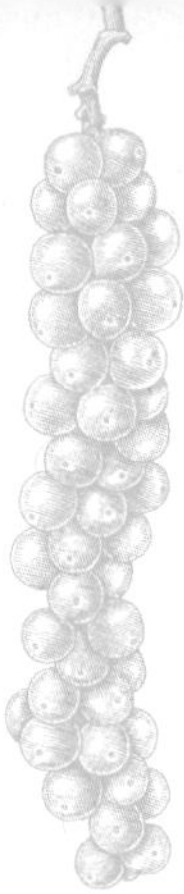

PEPPER

HOT PEPPER

POTATO

TOMATO

ONION

TEA

SUGAR CANE

COTTON

WHEAT

CORN

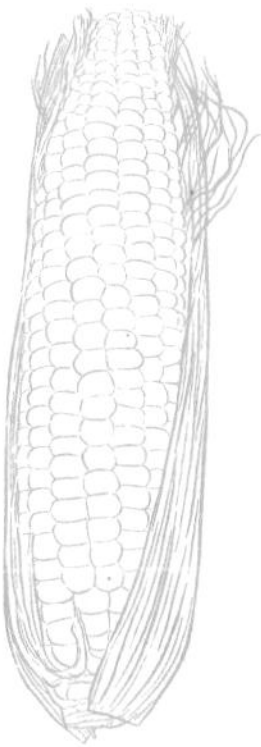

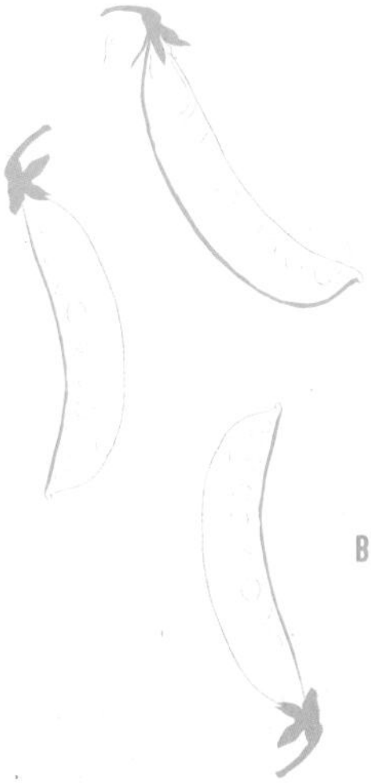

BEAN

TULIP

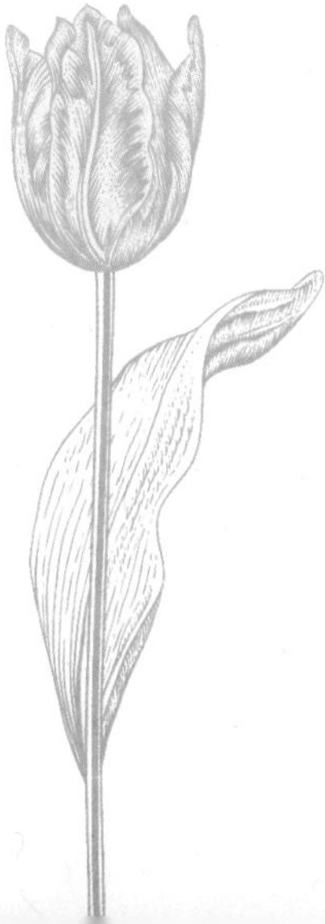

RICE

인간의 원초적 욕망을 자극하며
세계사의 큰 흐름을 만들어낸 위대한 식물 이야기

모든 것은 '후추' 때문이었다. 아니, 좀 더 정확히 말하자면 후추를 향한 인간의 '검은 욕망'에서 시작되었다. 크리스토퍼 콜럼버스(Christopher Columbus)의 아메리카 대륙 발견도, 바스쿠 다가마(Vasco da Gama)의 위대한 항해도, 페르디난드 마젤란(Ferdinand Magellan)의 최초 세계 일주 탐험도 모두 '후추'에서 비롯되었다. 스페인과 포르투갈이 대항해시대를 활짝 열고 영국이 '해가 지지 않는 나라' 대영제국을 건설한 것도, 그 후 미국이 영국의 바통을 이어받아 세계 유일 패권국으로 자리매김하고 승승장구한 것도 따지고 보면 모두 '후추'가 원인이었다.

15세기 유럽에서는 후추 가격이 하루가 다르게 천정부지로 치솟았다. '후추 가격이 황금 가격과 맞먹는다'고 할 정도였다. 실제로 1그램의 후추가 같은 무게의 순금과 비슷한 가격에 거래될 정도였으니까. 당대 유럽에서 후추를 손에 넣은 개인은 부를 거머

쥐고 권력을 휘두를 수 있었다. 국가도 마찬가지였다. 후추 무역을 독점하는 국가는 쟁쟁한 경쟁국들을 제치고 독보적인 위치에 설 수 있었다. 포르투갈이 바스쿠 다가마를, 스페인이 콜럼버스와 마젤란을 지원하여 탐험을 떠나게 한 것도 인도에서만 생산된다는 후추를 독차지하고 싶은 '검은 욕망'의 발로였다.

감자가 오늘날의 초강대국 미국을 만드는 데 중요한 역할을 했다고 하면 믿어지는가? 사실이다. 19세기 아일랜드에는 감자 역병으로 인한 대기근이 휩쓸고 지나갔다. 대기근은 이 땅에 참혹한 결과를 남겼다. 100만 명에 달하는 많은 사람이 굶주림으로 고통받으며 죽어갔다. 운 좋게 살아남은 사람들은 당시 신천지로 여겨지던 미국으로 이주했다. 그 수가 400만 명에 달했다.

19세기 미국은 본격적인 공업화 단계에 들어서고 있었다. 이 무렵 대기근을 피해 미국으로 이주한 아일랜드인은 대규모 노동자 집단으로 변신해 미국 공업화와 근대화에 크게 기여했다. 미국은 이 시기에 집중적으로 축적한 부와 에너지를 바탕으로 당대 최강대국 영국을 앞지르며 세계 최고 공업국가로 발돋움했다.

아일랜드 대기근의 영향은 여기서 그치지 않았다. 대기근을 피해 미국으로 이주한 사람들 중에는 달 탐사 계획을 추진한 주인공이자 제35대 미국 대통령이었던 J. F. 케네디의 할아버지 패트릭 케네디도 있었다. 미국과 세계 현대사를 만든 주역들 중 한 명인 대통령 레이건과 클린턴, 오바마의 선조들도 그 행렬에 끼어 있었다. 그 밖에 〈미키마우스〉를 만든 월트 디즈니와 맥도날드의 창업자 맥도날드 형제 역시 아일랜드 이민자의 후손이다.

역사에 '만약'은 없다지만 19세기 감자 역병으로 인한 아일랜드 대기근이 없었고, 그로 인한 아일랜드인들의 미국으로의 대이주 사건이 발생하지 않았다면 어땠을까. 케네디와 레이건, 클린턴, 오바마와 같은 걸출한 미국 대통령도 나오지 않았을 것이다. 그리고 오늘날 미국과 세계는, 그리고 세계지도는 지금과는 상당히 다른 모습을 하고 있을 가능성이 크다.

달콤한 맛을 지닌 작물 사탕수수가 세계 역사를 바꾸었다. 세계사의 이 드라마틱한 페이지에도 문제의 인물 콜럼버스가 등장한다. 콜럼버스는 스페인 이사벨 여왕의 지원을 받아 아메리카 대륙을 탐험했으나 그녀가 간절히 손에 넣고 싶어 했던 후추는 발견하지 못했다. 인도 남부가 원산지인 후추는 그 일대에서만 생산되었는데 콜럼버스가 오랜 항해 끝에 다다른 땅은 아시아의 인도가 아닌 아메리카 대륙이었기 때문이다. 당연하게도 그곳엔 후추가 없었다. 콜럼버스는 부하들을 이끌고 몇 날 며칠이고 후추를 찾아 헤맸으나 끝내 발견하지 못했다. 후추 대신 그가 발견한 작물은 '고추'였다.

콜럼버스는 후추와 전혀 다른 작물인 고추를 후추로 속여 스페인에 보냈다. 그에게 아메리카 대륙이 인도여야만 했듯 그곳에서 발견한 고추 역시 후추여야만 했다(저자에 따르면, 오늘날 중남미 카리브해의 섬들이 '서인도제도'라는 이름으로 불리고 후추와 전혀 관계가 없는 고추(Hot Pepper/Red Pepper)와 피망(Green Pepper), 파프리카(Sweet Pepper)의 영어명에 후추를 의미하는 단어 'Pepper'가 공통으로 들어가는 것도 그런 이유에서라고 한다.—옮긴이). 후추에 모든 걸 걸고 대모험을 떠난 콜럼버스가 고추 앞에서 난감해하는 모습이 그려지지 않나?

콜럼버스와 스페인은 서인도제도에서 부를 창출하고자 새로운 경제 활동에 나섰다. 그들이 주목한 작물은 호사스러운 사치품 설탕의 원료 사탕수수였다. 사탕수수는 아열대기후인 동남아시아가 원산지인데 온난한 기후의 카리브해 섬들이 사탕수수 재배에 적합해 보였다. 콜럼버스는 이 작물을 아메리카 대륙에 들여오기로 했다. 그렇게 도입된 사탕수수는 후추를 대신해 황금알을 낳는 거위로 자라났고 막대한 부를 창출했다.

사탕수수 재배는 엄청난 노동력을 요구하는 농업이었다. 벼농사와 달리 모종을 심는 일에서부터 수확하는 일에 이르기까지 모든 과정을 가축이 아닌 사람의 힘과 노력으로 해내야 했다. 콜럼버스에 의해 시작되고 발전한 서인도제도의 사탕수수 재배 농업은 대규모 플랜테이션으로 발전했다. 여기에 필요한 엄청난 양의 노동력을 충당하려는 방편으로 노예무역이 시도되고 끔찍한 인종차별과 학대의 역사가 시작되었다.

17세기 아시아(중국)에서 유럽으로 차가 전해지면서 설탕의 가치를 크게 높여주었다. 차 본래의 쓴맛을 즐기는 동양인과 달리 유럽에서는 설탕을 첨가하여 단맛을 강화함으로써 홍차 문화가 대중화하고 설탕 수요가 폭발적으로 늘어났기 때문이다. 설탕 원료인 사탕수수는 유럽에서 '홍차의 대중화' 흐름과 맞물리면서 세계사를 다시 한 번 크게 바꿔놓았다.

제목 그대로 이 책은 '세계사를 바꾼' 13가지 위대한 식물 이야기를 담고 있다. 감자, 토마토, 후추, 고추, 양파, 차, 사탕수수, 목화, 밀, 벼, 콩, 옥수수, 튤립이 그 주인공들이다. 이 식물들은 어떻게 역동적으로 움직이며 오늘의 세계지도를 만들었을까? 물론 알라딘의 요술램프처럼 식물들 하나하나가 신비한 힘을 지니고 있어서는 아니었다. 평범한 식물들이 인류 역사의 큰 흐름을 만들고 바꿀 수 있었던 까닭은 '후추'처럼 특정 시대마다 특정 식물에 인간의 들끓는 욕망이 모이고 강하게 투영되었기 때문이다. 그런 관점으로 이 책을 읽다 보면 의외의 즐거움과 인문학적 통찰을 얻게 될 것이다.

식물은 단지 인간의 들끓는 욕망의 포로이거나 인류가 세계사의 흐름을 만들고 바꿔 가는 데 이용한 도구에 지나지 않을까? 이 또한 『세계사를 바꾼 13가지 식물』에 접근하는 올바른 관점은 아니라고 생각한다. 식물은 우리가 생각하는 것보다 훨씬 영리하고 전략적이고 현명하다. 그 수많은 사례를 일일이 나열할 수는 없겠기에 매우 지혜로울 뿐 아니라 감동적이기까지 한 어느 식물의 사례를 소개하는 것으로 대신할까 한다.

라피도포라라는 식물은 자기 잎들에
스스로 무수히 구멍을 내어
그 사이사이로 빛이 스며들게 해서
전체 잎의 광합성을 돕는다.

라피도포라

라피도포라라는 식물이 있다. 아프리카 같은 열대지역에 자라는 덩굴식물의 일종인 라피도포라는 다른 나무를 타고 태양을 향해 줄기를 뻗고 잎을 키우며 성장한다. 라피도포라는 마치 건축가가 위로 계단을 쌓아 올리며 건물을 짓듯 수많은 잎을 차곡차곡 쌓으며 자라간다.

식물은 태생적으로 빛을 사냥하는 존재다. 새가 곤충을 사냥하고 육식동물이 초식동물을 사냥하듯 잎은 빛을 사냥하여 광합성을 해야만 살 수 있다. 그러므로 한 식물은 조금이라도 더 많이 더 효율적으로 빛을 받아들이기 위해 주위의 다른 식물들과 치열하게 경쟁하며 살아간다. 풀과 나무들이 사람 머리털만큼이나 많은 잎을 키우는 것도 그런 이유에서다.

라피도포라의 딜레마는 덩굴식물로서 자신의 잎 바로 위에 다른 잎을, 그리고 그 잎 위에 또 다른 잎을 쌓아갈 수밖에 없는 구조라는 데 있다. 잎 하나하나가 다른 잎들이 빛을 사냥하고 광합성 하는 일을 방해하기 때문이다. 라피도포라는 이 치명적인 딜레마를 어떻게 해결하며 생존하고 번식할까? 이 식물은 자기 잎들에 스스로 무수히 구멍을 내어 그 사이사이로 빛이 스며들게 해서 전체 잎의 광합성을 돕는다. 공동체(라피도포라) 전체를 발전시키기 위해 개인(이파리)이 희생하는 시스템을 체계적으로 구축한 셈이다. 놀랍지 않은가!

어떤 면에서 인간은 고약한 존재다. 자신과 다른 존재에 대한 무지와 편견으로 뭉쳐 있다. 무지는 앎으로 발전하지 못하고 편견은 흙이 되기를 거부하는 바윗덩이처럼 꿈쩍도 하지 않는다. 식물에 대해서도 우리 인간은 편견에 싸여 있다. 아니, 식물에 관해 아는 게 별로 없으면서(정확히 말하자면 아는 게 별로 없기 때문에) 우습게 알고 무시한다. 식물은 우리에게 무시당해도 좋은 존재가 아니다. 편견의 두꺼운 껍질을 벗겨내고 '앎의 빛'을 조금만 스며들게 해도 세상이 전혀 다르게 보이기 시작한다. 식물이 어떻게 땅속에 뿌리를 뻗어 나가며 양분을 빨아들이는지, 어떻게 잎을 키우며 빛을 사냥하는지, 또 어떻게 꽃으로 곤충을 유혹하여 자기 씨앗을 널리 퍼뜨림으로써 종족을 보존하는지 알면 쉽사리 무시하지 못할 것이다. 아니, 식물의 영리하면서도 우직하고 치밀하게 대비하는 모습에서 경외감마저 느끼게 될 것이다.

독자 여러분도 이 책을 통해 식물에 관해 갖고 있던 편견을 버리고 좀 더 나은 관점을 갖게 되기를 바란다. 더불어 식물과 인간에 대한, 그리고 식물과 인간이 한데 어우러져 빚어내는 뚜렷하고도 의미 있는 발자국에 대한 깨달음을 얻게 되기를 바란다.

차례

08 산업혁명을 일으킨 식물 목화

09 씨앗 한 톨에서 문명을 탄생시킨 인큐베이터 볏과 식물 · 밀

10 고대 국가의 탄생 기반이 된 작물 벼

11 대공황의 위기를 극복하게 해준 식물 콩

12 전 세계적으로 가장 많이 재배되는 작물 옥수수

01

POTATO

초강대국 미국을 만든 '악마의 식물' 감자

어느 날 갑자기 감자 역병이 아일랜드를 휩쓸자
대기근으로 굶주린 사람들은 고향을 버리고
신천지 미국으로 향했다.
그리고 아일랜드 이민 가정에서 태어난 아이 중에는
성공한 사람이 꽤 많았다.

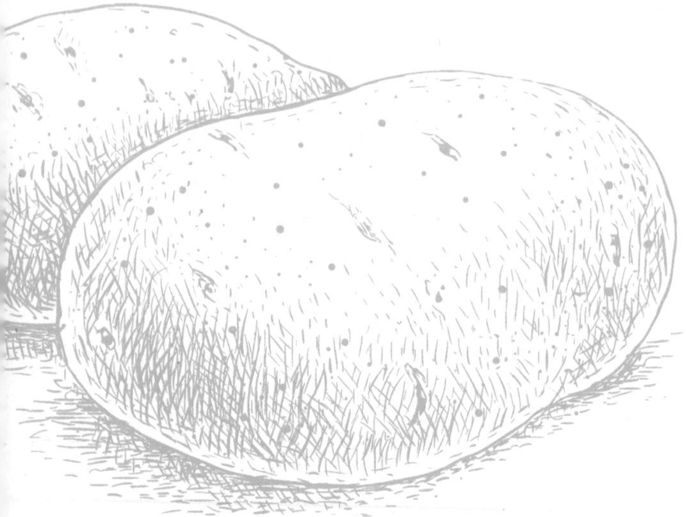

마리 앙투아네트가 가장 사랑한 꽃은

장미가 아니라 감자꽃이었다고?

"빵이 없으면 케이크(프랑스인이 즐겨 먹는 과자빵 브리오슈)를 먹으면 되잖아요."

민중이 먹을 빵이 없어 굶주림에 고통받고 있다는 소식을 듣고 프랑스 루이 16세의 왕비 마리 앙투아네트가 이렇게 말했다고 한다. 하지만 이는 사실이 아니다. 프랑스 혁명의 도화선이 된 이 말은 역사가 남긴 수많은 악성 루머 중 하나다.

이 말은 어떻게 만들어지고 퍼져 나갔을까? 장 자크 루소의 『고백록』에 나오는 이야기 일부인데 사실 앙투아네트가 태어나기도 전에 나온 말이었다. 그러나 이미 흥분할 대로 흥분한 군중에게 사실 여부는 중요하지 않았고 불쌍한 왕비는 군중이 뿜어내는 엄청난 분노의 표적이 되었다. 혁명 재판에 회부된 그녀는 온갖 혐의를 뒤집어썼지만 40명의 증언에도 불구하고 모든 혐의가 무죄로 밝혀졌다.

마리 앙투아네트 왕비를 처벌할 근거가 없었으나 민중의 분노는 가라앉지 않았다. 급기야 성난 민중은 마리 앙투아네트를 끔찍한 사형기구 기요틴으로 공개 처형했다. 시민이 굶주리지 않도록 감자빵을 장려하고 제빵학교까지 후원한 앙투아네트의 입장에서는 참으로 억울하기 짝이 없는 일이었다.

『베르사유의 장미』는 프랑스 혁명을 그린 만화다. 이 만화는 마리 앙투아네트 왕비를 궁전에 핀 고고한 장미 한 송이에 비유한다. 왕비가 특별히 사랑한 꽃은 만화 제목에 들어 있는 장미가 아니었다. 흥미롭게도 그녀가 사랑한 꽃은 감자꽃이었다.

고귀한 왕비 신분인 마리 앙투아네트는 왜 장미나 백합 같은 화려한 꽃이 아닌 감자꽃을 사랑했을까? 궁금함을 자극하는 대목이 아닐 수 없다. 여기에는 감자와 관련된 그럴 만한 속사정이 있다고 한다.

땅속 덩이뿌리 감자를 처음 보고 충격에 휩싸인 유럽인

남미 안데스산맥 주변이 원산지인 감자가 유럽에 처음 전해진

성난 민중은 마리 앙투아네트를
끔찍한 사형기구 기요틴으로 공개 처형했다.
시민이 굶주리지 않도록 감자빵을 장려하고
제빵학교까지 후원한 앙투아네트의 입장에서는
참으로 억울하기 짝이 없는 일이었다.

것은 콜럼버스가 아메리카 대륙을 탐험한 이후였다. 그렇기는 해도 유럽에 감자를 처음 소개한 이가 콜럼버스는 아니었다. 사실 그는 남아메리카 대륙의 여러 곳을 탐험했으나 산지에서 재배한 감자를 직접 접한 적은 없는 것으로 보인다. 아무튼 콜럼버스의 아메리카 대륙 발견 이후 유럽인들이 속속 남미로 찾아들었고 그들에 의해 자연스럽게 감자가 발견되고 유럽에 전파되었을 것으로 추정된다. 16세기 초·중반의 일이었다.

오늘날 유럽 요리에는 감자가 빠지지 않는다. 16세기 유럽인들에게 감자는 커다란 축복이자 구세주와도 같은 작물이었다. 왜냐하면 토지가 척박해 보리 외에는 농사짓기 어려웠던 땅에서도 감자는 잘 자라주었기 때문이다. 그러다 보니 감자는 전 유럽으로 급속히 전파되어 대표 작물로 자리 잡았다. 지금도 이 작물은 독일 요리를 대표하는 음식 재료로 유럽인의 식탁에서 빼놓을 수 없는 존재로 인정받는다.

사실 감자가 남미에서 유럽으로 전해지는 과정에 이런저런 우여곡절이 없었던 것은 아니다. 처음에 유럽인들은 생전 듣도 보도 못한 아메리카 대륙에서 온 이상한 작물을 선뜻 받아들이려 하지 않았다. 그도 그럴 것이 그때까지 유럽인들은 땅속에서 열매를 맺는 채소로 무나 순무 같은 뿌리채소는 키워봤지만 감자 같은 덩이뿌리 식물은 키워보기는커녕 단 한 번도 본 적이 없었기 때문이다.

감자의 원산지인 안데스산맥 주변 지역은 해발고도가 높고 기후가 서늘한 편이며 건기와 우기가 뚜렷이 구분된다. 감자의 사촌 작물이자 또 다른 덩이뿌리 식물인 고구마도 아메리카 대륙이 원산지인데 아열대성 기후인 중앙아메리카에서 처음 재배되기 시작했다.

흥미롭게도 땅속에서 열매를 맺는 뿌리채소는 열대나 아열대 기후의 중·남미나 동남아시아가 원산지인 경우가 적지 않다. 예를 들어 구약나물의 땅속줄기로 만드는 곤약은 동남아시아가 원산지고 산마와 장마 등 각종 마는 중국 남부가 원산지다. 밀크티 등에 넣어 쫀득쫀득 씹는 맛을 즐기는 타피오카(Tapioca: 카사바 뿌리에서 채취한 식용 녹말)의 원료 카사바도 아열대성 기후인 중남미가 원산지다.

유럽의 농경 지대는 지중해성 기후로 겨울에 상대적으로 많은 비가 내리고 여름에는 건조한 편이다. 이곳에서 식물은 주로 비가 내리는 겨울 동안 생장한다. 지중해 연안 지역의 주요 작물인 밀도 가을에 씨를 뿌리는 겨울 작물이다.

사정이 이렇다 보니 유럽인들은 무나 순무처럼 줄기를 뻗지 않고 지면 근처에서 잎을 펼쳐 광합성을 하고 땅속에 저장물질을 축적하는 뿌리채소를 주로 재배했다. 그러므로 그들은 감자처럼 땅속 덩이뿌리를 먹을거리로 활용하는 작물을 그때까지 본 적이 없었다.

종교재판정에서 유죄 판결을 받고 화형에 처해진 불운한 감자 이야기

감자의 존재를 몰랐던 유럽인 중에는 처음에 실수로 덩이줄기가 아닌 감자 싹과 초록색으로 변한 부분을 먹는 사람도 많았다고 한다. 그들로서는 난생처음 접한 작물이었기에 충분히 있을 법한 실수지만 감자의 경우에는 자칫 치명적인 사고로 이어진다.

왜냐고? 감자 싹과 초록색으로 변한 부분에 독성분이 있기 때문이다. 우리가 흔히 구워 먹고 쪄 먹는 노란색 부분에는 독이 없지만 감자 싹이나 초록색으로 변한 부분에는 솔라닌(Solanine)이라는 이름의 독성분이 들어 있다. 솔라닌은 현기증이 나게 하고 구토를 유발하는 등 중독 증상을 일으킨다. 놀랍게도 치사량은 겨우 400밀리그램에 지나지 않는다. 그 정도 양으로도 죽음에 이를 수 있는 치명적 독성 식물인 셈이다.

감자는 가짓과 식물이다. 가짓과 식물 중 독성을 지닌 식물이 유독 많다. 마녀가 사용한 풀로 악명 높은 유독성 식물 사리풀[henbane]과 벨라돈나(Belladonna), 만드라고라(Mandragora: 맨드레이크)는 모두 가짓과 식물에 속한다. 이름만 들어도 범상치 않은 미치광이풀도 마찬가지다. 이 밖에 흰독말풀과 꽈리에도 독성이 있는데 이 식물들 역시 가짓과 식물이다.

감자는 잎에도 독이 들어 있다. 16세기 유럽에 감자가 전파된

후 이 작물을 먹고 중독되는 사건이 꼬리에 꼬리를 물고 일어나자 '감자는 독성식물'이라는 이미지가 강해졌다. 여기에 더해 울퉁불퉁한 겉모양 탓에 감자를 먹으면 한센병에 걸린다는 황당한 미신이 퍼지기도 했다.

엎친 데 덮친 격으로 감자는 '성서의 기록에 나오지 않는 식물'이었다. 성서에서 하느님은 씨앗으로 번성하는 식물을 창조했다고 하는데, 감자는 씨앗이 아닌 덩이줄기로 번식한다. 그렇다 보니 뿌리줄기로 번식하는 감자가 유럽인에게 기이한 식물로 보인 것은 어쩌면 당연한 일이었다.

서양인들은 흔히 성서가 언급하지 않은 식물을 사악한 존재로 여겨 꺼리고 피했다. 그런 이유로 감자는 결국 한동안 '악마의 식물'이라는 꼬리표를 달고 살아야 했다.

한때 중세유럽에서는 마녀재판 등 종교재판이 성행했다. 한데 이 무시무시한 종교재판정에 악마의 식물로 낙인찍힌 감자가 서는 날이 찾아왔다. 재판장은 감자에 유죄 판결을 내렸는데 놀랍게도 마녀로 몰린 사람들과 마찬가지로 화형이 형벌로 내려졌다. 세상의 모든 생물이 암수의 조화로 자손을 남기는데 감자는 덩이줄기만으로 번식한다는 점이 유죄의 근거였다. 이런 번식 방법이 성적으로 매우 불순하다고 본 것이었다. 아무튼 그날 불에 노릇노릇하게 구워진 감자에서 침샘을 자극할 만큼 먹음직스러운 냄새가 솔솔 풍겼을 것이다. 그러나 당시 유럽인들에게는 군침 도

감자는 가짓과 식물이다. 가짓과 식물 중
독성을 지닌 식물이 유독 많다.
마녀가 사용한 풀로 악명 높은 유독성 식물 사리풀과
벨라돈나, 만드라고라는 모두 가짓과 식물에 속한다.

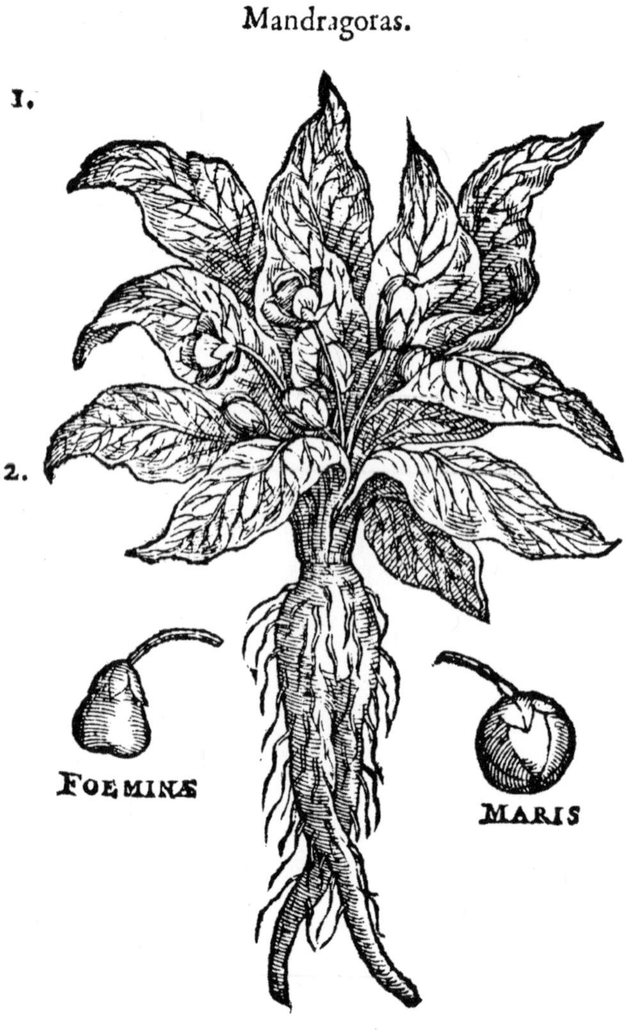

맏드라고라

는 냄새로 느껴지지는 않았던 모양이다.

감자를 대중에 보급하려다 솔라닌 중독으로 죽을 뻔한 엘리자베스 1세

유럽에서 사람들이 '악마의 식물'로 여겨 기피한 감자는 식용이 아닌 진귀한 관상식물로 재배하는 경우가 많았다. 일부 지식인만 안데스의 척박한 토양에서도 수확이 가능한 감자를 쓸 만한 식용작물로 받아들이고 높이 평가했을 뿐이다. 사실 알고 보면 감자는 안데스만이 아니라 한랭기후인 유럽에서도 잘 자라는 생명력이 강한 작물이었다.

이 강인하고 기특한 작물을 선입견 때문에 제대로 활용하지 못하고 버려둔다는 것은 인류적 차원에서 막대한 손해였다. 감자는 다른 어떤 작물 못지않게 척박한 환경에서도 잘 자라고 영양도 높아서 매우 유용한 작물이기 때문이었다. 더구나 오늘날 많은 사람이 감자를 다양한 요리에 이용하듯 활용 가치도 높은 작물이다.

결국 지독한 흉년이 들어 많은 사람이 배를 곯던 유럽에서는 감자를 식량으로 이용하고 대중에 보급하기 위한 도전을 시작했다. 어떻게 하면 '악마의 식물'로 모든 사람이 두려워하고 기피하던 감자를 널리 보급할 수 있을까?

감자 보급을 위해 애쓴 인물로 영국 여왕 엘리자베스 1세를 꼽을 수 있다. 엘리자베스 1세는 여왕인 자신이 직접 나서면 모든 국민이 따르게 될 거라는 생각에 과감히 실천에 옮겼다. 그녀는 먼저 상류층 사이에 감자를 알리기 위해 몸소 '감자 파티'를 주최했다. 귀족, 정치가 등 상류층 사람들이 감자를 요리에 이용하기 시작하면 대중도 따라서 먹게 되리라는 생각에서였다.

의도는 좋았으나 감자의 특성을 간파하지 못한 요리사가 감자 잎과 줄기까지 모두 사용해서 요리하는 바람에 적지 않은 양의 감자요리를 먹은 엘리자베스 1세는 솔라닌 중독으로 죽을 고생했다고 한다. 이에 따라 여왕의 의도와 반대로 영국에서는 감자가 유독성 식물이라는 인식이 더욱 강해졌고 감자 보급은 그만큼 더 더뎌졌다. 결과적으로 혹을 떼려다 오히려 혹을 하나 더 붙이고 만 셈이었다.

프리드리히 2세가 "앞으로 이 나라에서 감자는 귀족만 먹을 수 있다"고 공표한 이유

한랭기후라 농사에 적합하지 않은 독일 북부지역에서 기아 극복은 반드시 해결해야 할 국가적 차원의 과제였다. 이는 독일만의 문제가 아니었다. 중세유럽에서는 이웃 국가들과의 사이에 자주 분쟁이 벌어졌는데 식량 부족은 국력과 군사력 저하를 초래하는 심각한 문제였다. 그런 터라 식량으로서의 잠재적 가치가 뛰어난 감자를 보급하는 것은 중세유럽 국가들에 운명을 건 중대한 일이었다.

18세기 프로이센(독일) 국왕 프리드리히 2세는 프랑스, 러시아, 오스트리아 군대와 7년간이나 전쟁을 벌였다. 그 와중에 프리드리히 2세가 감자 보급에 두 팔을 걷어붙이고 나선 것은 어쩌면 당연한 일이었다. 그가 이끈 프로이센은 다행히 전쟁에서 승리하긴 했지만 오랜 전쟁으로 국토가 황폐해지고 식량이 부족해져 그동안 가축 사료로만 쓰던 감자를 가정과 군대의 식탁에 올릴 궁리를 한 것이었다.

프리드리히 2세는 먼저 사람들이 꺼리는 감자를 날마다 직접 먹으면서 전국 각지를 돌며 감자 보급 캠페인을 벌였다. 또한 그는 감자가 얼마나 중요한 작물인지 보여주기 위해 감자밭에 군대를 배치하여 경계를 서게 하며 사람들의 호기심을 부추기기도 했다. 군대까지 배치해서 지켜야 할 만큼 감자가 중요하고 가치 있는 작물이라는 점을 국민들에게 보여주고자 한 것이었다.

하지만 이런 대대적인 캠페인과 대책도 처음에는 그다지 큰 효과를 보지 못했다. 사람들이 감자의 괴이한 모양 자체를 싫어한데다 '성서에 나오지 않는 악마의 식물'이라는 불길한 생각을 좀처럼 떨쳐내지 못한 탓이었다. 온갖 회유책과 홍보로도 이렇다

할 효과를 거두지 못한 프리드리히 2세는 급기야 무력으로 농민들에게 감자 재배를 강요하기도 했다. 이때 그는 명령에 따르지 않고 반항하는 자를 붙잡아 귀와 코를 자르는 무시무시한 형벌을 내렸다고 한다.

프리드리히 2세는 이렇듯 '당근과 채찍'을 모두 사용하고도 애초 기대하던 효과를 거두지 못했다. 고심 끝에 그는 한 가지 묘안을 떠올렸고 즉각 다음과 같은 공고를 내라고 명령했다.

"앞으로 이 나라에서 감자는 귀족만 먹을 수 있다."

프리드리히 2세의 마지막 전략은 효과적이었을까? 그렇다. 그가 '당근과 채찍'을 비롯한 온갖 방법을 다 사용하고도 효과를 거두지 못한 감자 보급이 마지막 방법으로 멋지게 성공을 거둔 것이었다. 감자를 전체 국민에 보급하여 식량 문제를 해결하고 부국강병의 길로 나아가고 싶었던 프리드리히 2세. 그는 갖은 궁리와 노력 끝에 인간의 묘한 심리를 간파했고 그 심리를 역이용하여 그토록 간절히 원했던 감자 보급을 성공적으로 이루어냈다.

프로이센 사람들은 감자에 대한 두려움과 거부감을 극복하고 적극적으로 재배했으며 식량으로 이용하기 시작했다. 프리드리히 2세의 끈질긴 노력 덕분에 독일은 다른 유럽 국가들보다 훨씬 이른 시기에 성공적으로 감자를 보급할 수 있었다. 이후 감자는 독일 전역으로 퍼져 나갔고 주요 음식 재료로 자리매김했다. 오늘날 감자는 독일 식탁에서 빠지지 않는 대표적인 음식 재료가

감자를 전체 국민에 보급하여 식량 문제를 해결하고
부국강병의 길로 나아가고 싶었던 프리드리히 2세.
그는 갖은 궁리와 노력 끝에 인간의 묘한 심리를 간파했고
그 심리를 역이용하여 감자 보급을 성공적으로 이루어냈다.

감자 수확을 지켜보는 프리드리히 2세

되었다. 그 탓에 프리드리히 2세의 가장 큰 공적은 독일에 감자를 널리 보급한 것이라고 말하는 사람까지 있을 정도다.

인간뿐 아니라 돼지의 식량 문제도 해결해준 감자

감자가 굶주린 인간의 배만 채워준 것은 아니었다. 또 어떤 일을 했을까?

유럽에서는 목축문화가 발달했는데 한랭기후로 겨울이 오면 해마다 문제가 생겼다. 그것은 가축을 먹일 먹이가 부족해지는 문제였다. 특히 겨울이 되면 폭설이 자주 내리고 날씨가 추운 탓에 잘 녹지도 않아 꼼짝없이 눈에 갇히곤 하는 독일 북부가 이 문제로 골치를 썩었다. 독일 북부처럼 환경이 열악한 지역에서는 겨울이 오기 전에 매년 열심히 건초를 준비하지만 한계가 있었다.

그에 따라 독일 북부에 사는 농민을 포함한 많은 유럽인이 일부 가축만 남겨 비축해둔 건초를 먹여 키우고 나머지 가축은 도축해서 건조하거나 소금에 절여두었다가 겨울 식량으로 삼았다. 또 먹이를 넉넉히 제공하지 못하면 소도 우유를 충분히 생산하지 못하기 때문에 겨우내 단백질을 공급받기 위해 여름에 짜둔 우유로 보존식품인 치즈를 만들었다.

이런 고질적인 문제로 매년 겨울 힘겨워하던 유럽의 농민들에게 감자는 또 한 번 구세주와도 같은 존재였다. 감자가 건초를 대신해 가축의 먹이로 활용되었기 때문이다. 감자는 보존성도 뛰어나서 겨울에도 얼마든지 식량으로 쓸 수 있다.

하지만 감자를 모든 가축의 식량으로 활용할 수 있는 것은 아니었다. 아쉽게도 풀을 주식으로 하는 소는 감자를 먹지 않는다. 그러나 잡식성인 돼지에게는 감자를 먹이로 줄 수 있었다. 이에 따라 겨울에도 돼지를 사육하는 것이 가능해짐으로써 농가의 소득이 크게 향상되었다. 결국 감자를 먹여 키운 돼지로 만든 베이컨과 햄, 소시지는 감자와 함께 독일인의 식탁을 풍성하게 채워주었다. 이러한 과정을 거쳐 감자는 그때까지 주로 곡물을 먹던 유럽인이 육식을 마음껏 즐기도록 해주었다.

교묘한 대국민 심리전으로 감자 보급에 성공한 루이 16세

유럽 국가들에 감자가 널리 퍼진 뒤에도 한동안 프랑스인만은 좀처럼 감자를 받아들이지 않았다. 감자를 줄기차게 거부하던 프랑스에서 감자 보급에 나선 인물은 농학자 앙투안 오귀스탱 파르망티에(Antoine Augustine Parmentier) 남작이었다. 프랑스와 프로이센이

7년 전쟁을 벌일 무렵 포로로 잡혀 있던 파르망티에는 이미 프로이센의 중요한 식량으로 정착한 감자를 먹고 살아남았다. 그 당시에는 포로 신분이라 가리고 말고 할 처지가 아니었으므로 선택의 여지가 없었을 것이다. 아무튼 그때 그는 감자의 뛰어난 가치와 효용성을 몸소 체험했다.

유럽 대륙에 대기근이 들었을 때의 일이었다. 프랑스 정부는 막대한 상금을 내걸고 주식인 밀을 대신할 구황작물을 모집했다. 이때 파르망티에는 자신의 포로 시절 경험을 살려 감자 보급을 제안했다. 그의 제안에 따라 루이 16세는 단춧구멍에 감자꽃을 꽂아 장식했고 마리 앙투아네트 왕비에게도 감자꽃 장식을 달게 함으로써 대대적인 감자 홍보에 나섰다.

왕과 왕비까지 적극적으로 나선 홍보 효과는 대단했다. 프랑스 상류계급은 감자를 관상용 꽃으로 키우기 시작했고 귀족들은 앞다투어 자기 집 정원에서 감자를 재배했다.

다음 단계로 루이 16세와 파르망티에 남작은 국영농장에 감자를 전시 재배하게 했다. 그리고 파수꾼을 보내 감시하게 하고 다음과 같은 문구의 표지판까지 세워놓았다.

"여기에 심은 것은 감자라는 작물로 맛이 좋고 영양이 풍부해 앞으로 왕족과 귀족의 먹을거리로 삼고자 한다. 따라서 이를 훔쳐 먹는 자는 엄하게 처벌할 것이다."

감자는 서민에게 보급해야 하는 작물인데 어째서 왕족과 귀족이 독점하겠다는 취지의 공지를 냈을까? 사실 여기에는 루이 16세의 교묘한 책략이 숨어 있었다.

국영농장은 낮에는 엄중하게 경비를 서지만 밤이 되면 경비가 느슨해진다. 그러다 보니 호기심을 누르지 못한 사람들이 야음을 틈타 감자밭에 침입해 감자를 서리해갔다. 그렇게 감자는 서서히 서민들 사이로 널리 퍼져 나갔다.

루이 16세는 앙투아네트 왕비의 치마폭에 싸여 사치와 향락을 일삼고 국정을 소홀히 했다고 알려져 있다. 그러나 최근 연구에 따르면 그러한 악평은 대부분 중상모략에 지나지 않는다고 한다. 오히려 감자 보급 일화를 통해서도 알 수 있듯이 루이 16세는 심모원려(深謀遠慮)의 책략을 구상하고 실행에 옮길 수 있을 정도로 영리한 군주가 아니었나 싶다. 마찬가지로 왕비 앙투아네트도 우리의 통념과 달리 검소하고 국민을 사랑한 인물이었다는 재평가 움직임이 나타나고 있다.

사실 루이 16세와 마리 앙투아네트가 과연 어떤 인물이었는지 정확히 알 길은 없다. 그러나 다른 것은 모두 차치하고라도 루이 16세가 국민을 굶주림에서 구하기 위해 감자 보급에 힘쓴 인물이라는 사실만은 분명한 것 같다. 역사는 승자의 기록이고 패자의 진실은 종종 그늘에 가려 잘 보이지 않는다.

사람들을 배고픔에서 구하고 싶은 마음에 감자꽃을 사랑하고 애용했던 앙투아네트 왕비는 단두대의 이슬로 사라지고 말았다.

감자가 유럽인의 음식문화를 채식에서 육식으로 바꾸어놓았다고?

각국에 퍼진 감자 덕분에 유럽 국가들은 급속히 국력을 키우기 시작했다.

감자가 본격 도입되기 전 유럽에서는 국력을 키우려면 영토를 확장할 수밖에 없었다. 영토를 확장하자면 어떻게 해야 했을까? 다른 나라와 전쟁을 벌여 승리해야 했다. 그 과정에 경작지는 황폐해지고 빈곤과 가난이 눈덩이처럼 불어났다. 더구나 유럽은 한랭기후 탓에 매년 인간과 가축을 위한 충분한 식량을 확보하지 못했다.

그런데 감자는 밀이 자라지 못하는 한랭기후와 척박한 토지에서도 주렁주렁 열매를 맺었다. 더구나 전쟁이 벌어지면 밀은 말발굽과 병사들의 발에 짓밟히고 불에 타버려 없어지지만 땅속에 열매를 간직하고 있는 감자는 전쟁이 끝난 뒤 안전하게 수확할 수 있다.

감자 재배로 사람들이 배를 곯지 않고 안정적으로 식량을 얻게 되자 유럽 각국에서는 인구가 많이 증가했다. 인구 증가는 노동력 향상으로 이어졌고 그 노동력이 이후 산업혁명과 공업화를 뒷받침해주었다.

유럽은 목축문화권이지만 고기를 안정적으로 조달할 여유가 없었다. 말은 마차에 매여 사람과 짐을 날라야 했고 소는 쟁기를 메고 밭을 갈거나 다른 농사일을 거들어야 했다. 사람들은 우유를 얻기 위해서라도 함부로 소를 도축할 수 없었다. 아시아가 원산지인 목화가 전해지기 전까지 유럽에서는 옷을 만드는 데 털가죽이 필요해 마구잡이로 양을 도축하는 바람에 고기로 쓰지 못했다. 그러다가 감자가 본격적으로 등장한 이후 비로소 유럽에서 육식이 가능해졌다.

겨울에 가축에게 먹일 먹이가 떨어지면 많은 수의 가축을 기를 수 없다. 겨울이 오면 유럽인들은 적은 양의 돼지고기를 소금에 절였다가 먹는 것이 사실상 유일한 고기 섭취였다. 그러다가 감자를 재배하기 시작하면서 일 년 내내 돼지를 기르는 것이 가능해졌다.

앞에서도 언급했지만 특히 독일에서 감자 열풍이 분 이유는 보존성이 뛰어나고 수확량이 많은 감자를 돼지에게 먹이로 줄 수 있었기 때문이다. 감자는 인간의 식량으로도 사용되기 때문에 그때 사람들이 먹던 보리와 호밀 등의 잡곡을 소에게 먹이로 줄 수 있었다.

감자 보급 이후 유럽인들은 겨울 동안 신선한 돼지고기와 소고기를 섭취할 수 있게 되었다. 이처럼 감자가 들어온 후 다양한 고기 요리가 발달하면서 유럽의 많은 나라는 육식 문화 국가로 거듭났다.

감자가 괴혈병 예방으로 뱃사람들의 목숨을 살렸다는데?

16세기 아메리카 대륙에서 유럽으로 들어온 감자는 이후 200~300년에 걸쳐서 유럽 각지로 퍼져 나갔다. 감자 덕분에 인간과 가축의 식량 문제를 해결하고 인구가 늘어난 데다 국력 신장마저 이룬 유럽 강대국들은 내부적으로 축적한 국력을 바탕으로 더 많은 부와 힘을 얻기 위해 밖으로 뻗어 나갔다. 바야흐로 대교역 시대가 시작된 것이었다.

대교역 시대에 유럽 국가들은 일곱 개 바다를 당당히 누비고 다녔지만 항상 원인 불명의 괴질에 시달려야 했다. 당시 뱃사람들을 무던히도 괴롭혔던 괴질은 바로 괴혈병이었다. 오랜 시간 항해하는 동안 선원들은 피부와 점막 · 잇몸에서 많은 양의 피를 흘렸고 무지근하게 아픈 통증에 시달리다가 하릴없이 죽음에 이르곤 했다.

괴혈병으로 인한 피해는 상상을 초월할 만큼 심각했다. 일례로 세계 일주에 성공한 포르투갈의 페르디난드 마젤란 함대는 선원 270명 중 고작 18명만 무사히 귀환했을 정도였다고 한다. 항해에는 거센 풍랑과 해적 습격 등 생명을 위협하는 온갖 위험요소가 뒤따르지만 그 어떤 것도 괴혈병의 위협에 미치지는 못했다. 마젤란 함대만이 아니었다. 남아프리카의 희망봉을 도는 항로를 발견하여 역사에 뚜렷한 발자국을 남긴 포르투갈 출신 바스쿠 다가마의 함대 역시 선원 180명 중 100명이 괴혈병으로 사망하는 불운을 겪었다.

오늘날에는 누구나 다 아는 상식이 되었지만 괴혈병은 비타민C 결핍으로 인해 발생하는 질병이다. 괴혈병의 원인은 오랫동안 베일에 싸여 있다가 20세기에 들어서서 비타민C가 발견되면서 비로소 밝혀졌다. 그 이전까지 괴혈병은 그야말로 원인 불명의 가장 무서운 질병 중 하나였다.

전 유럽의 고질적인 식량 부족 문제를 해결해 부국의 길로 이끄는 출발점이 됐던 감자는 또 한 번 신통한 재주를 발휘하여 대교역 시대에 뱃사람들이 가장 두려워하던 괴혈병 예방에도 크게 기여했다. 흥미롭게도 오랫동안 항해하는 선원들이 감자를 식량으로 사용하면서 괴혈병이 크게 줄어든 것이었다. 감자는 비타민C가 풍부하게 함유된 식품으로 꾸준히 섭취하면 괴혈병을 예방해 줄 뿐 아니라 저장성도 뛰어나다.

탁월한 괴혈병 예방 효과를 직간접적으로 경험하게 된 선원들은 바다로 나갈 때 배에 감자를 잔뜩 싣고 출항했다. 그 덕분에 안정적으로 장거리 항해가 가능해졌다. 한때 유럽인에게 외면당하고 좀처럼 뿌리 내리지 못하던 감자가 배에 실려 장거리 항해까지 가능해지면서 유럽의 배들은 기세등등하게 머나먼 동방까지 찾아들었다.

아일랜드인 100만 명을 대기근의 지옥으로 몰아넣은 감자 역병

앞서 말했듯 영국에서는 엘리자베스 1세가 감자의 독성분인 솔라닌 중독으로 고생하는 바람에 다른 나라들과 비교해 감자 보급이 훨씬 늦어졌다. 영국인들이 본격적으로 감자를 식량으로 먹기 시작한 것은 19세기에 접어들어서였다. 다만 잉글랜드 북부의 아일랜드만은 예외였다. 이곳에서는 황량한 토지에서도 잘 자라는 감자가 귀중한 작물로 대접받으며 널리 퍼져 나갔다. 아일랜드에 감자가 보급된 시기는 17세기 무렵이었는데, 시기 면에서 유럽 대륙의 다른 나라들과 별반 차이가 없었다. 아일랜드 인구는 감자 덕분에 19세기 초 300만 명에서 800만 명까지 늘어났다.

행복한 상황은 그리 오래 지속하지 않았다. 1840년대에 들어 마른하늘에 날벼락처럼 아일랜드 전역에 감자 역병이 창궐해 지독한 흉작이 이어졌다. 그 무렵 아일랜드에는 감자가 주식으로 완전히 자리 잡은 상태였기에 감자가 없으면 꼼짝없이 굶는 수밖에 없었다. 대기근이 닥쳤고 100만 명에 달하는 많은 사람이 굶주림으로 고통받으며 죽어갔다.

감자 역병 원인 조사 결과 감자의 증식 방법에 문제가 있었다는 점이 밝혀졌다. 감자는 영양 번식계 작물로 씨감자를 심어 키우는데 그 과정에 증식이 일어난다. 아일랜드에서는 전국적으로 수확

1840년대에 들어 마른하늘에 날벼락처럼
아일랜드 전역에 감자 역병이 창궐해
지독한 흉작이 이어졌다. 대기근이 닥쳤고
100만 명에 달하는 많은 사람이
굶주림으로 고통받으며 죽어갔다.

량이 많은 단일 품종을 선택해 감자를 재배했다. 한데 이처럼 품종이 하나밖에 없다는 사실은 그 품종이 특정 질병에 취약할 경우 전국의 감자가 모두 그 병에 걸리기 쉽다는 것을 의미한다.

사태는 더욱더 심각해졌다. 급기야 감자 역병으로 인해 아일랜드 전역의 감자가 그야말로 씨가 마르는 사태가 일어났다. 그때 이미 농약이 존재했으나 그것은 와인용 포도를 위해 개발한 제품이라 신종 작물인 감자에 생긴 역병에는 효과가 없었다.

감자의 원산지인 남미 대륙의 안데스 지역에서는 감자가 병에 걸려 전멸하지 않도록 여러 품종을 섞어서 심었다. 품종이 다양하면 어떤 병원균이 덮쳐도 그중 살아남는 강인한 품종이 있게 마련이다. 안타깝게도 아일랜드에서는 이 고장에서 저 고장으로 감자를 전해주는 과정에 품종을 깐깐하게 선별했다. 그리고 결국 한정된 품종만 재배하여 전국의 감자가 역병에 걸리는 참사를 맞이하게 된 것이었다.

원래 아일랜드는 기근이 자주 발생하는 지역이었다. 더구나 감자에 거의 전적으로 의존하던 아일랜드인에게 감자 흉작은 그야말로 치명적인 사건이었다.

먹을 것이 없어 아일랜드 사람들이 비참하게 굶어 죽어가는 동안 영국은 팔짱 낀 채 강 건너 불구경하듯 냉담하고도 무심하게 대응했다. 당시 영국은 아일랜드를 같은 나라라기보다는 속국으로 간주했다. 영국의 그런 태도를 목격한 아일랜드 사람들은 영국 정부와 시민들에 강한 불신감을 품었고 이는 훗날 아일랜드 독립으로 이어졌다.

미국을 초강대국으로 만들고 세계 역사를 바꾼 감자

감자 역병으로 인한 대기근은 아일랜드를 송두리째 바꿔놓았다. 식량이 바닥나고 굶주림으로 고통받던 아일랜드 사람들은 고향을 버리고 신천지로 여겨졌던 미국을 향해 길을 떠났는데 그 수가 400만 명에 달했다.

19세기 중·후반 미국은 서부개척을 끝내고 바야흐로 본격적인 공업화 단계에 들어서고 있었다. 이 시기에 미국으로 이주한 수많은 아일랜드인은 대규모 노동자 집단으로 변신해 미국 공업화와 근대화에 크게 기여했다. 결국 대규모 노동력 유입으로 국력을 키운 미국은 초강대국 영국을 앞지르며 세계 최고의 공업 국가로 발돋움했다.

대기근으로 인한 미국으로의 이주민 중 성공한 대표적인 인물로 J. F. 케네디의 할아버지 패트릭 케네디가 있다. 마흔세 살의 젊은 나이에 제35대 미국 대통령이 된 J. F. 케네디는 달 탐사 계획을 추진한 주인공으로도 유명하다. 케네디 가문은 J. F. 케네디 대통령 외에도 저명한 정치가와 기업가를 여럿 배출한 대표적인 미국 감자 역병으로 인한 대기근은 아일랜드를 송두리째 바꿔놓았다.
식량이 바닥나고 굶주림으로 고통받던 아일랜드 사람들은
고향을 버리고 신천지로 여겨졌던 미국을 향해 길을 떠났는데
그 수가 400만 명에 달했다.

명문가 중 하나다. 그 밖에 레이건과 클린턴, 오바마 등 여러 대통령도 아일랜드계이고 디즈니랜드를 만든 월트 디즈니와 맥도날드의 창업자인 맥도날드 형제 역시 아일랜드계다.

역사에 가정은 없다지만 만약 J. F. 케네디의 할아버지 패트릭 케네디와 수많은 아일랜드인이 대기근으로 인해 미국으로 이주하지 않았다면 제35대 미국 대통령 J. F. 케네디를 비롯한 여러 대통령은 탄생하지 않았을 것이다. 또 달 탐사 계획도 추진되지 않았을 것이며 전 세계인을 깜짝 놀라게 한 인류 최초의 달 착륙도 없었을지 모른다. 감자라는 식물이 미국 역사와 더 나아가 세계 역사를 그리고 우주과학의 역사를 송두리째 뒤바꿔놓은 셈이다.

카레라이스를 처음 만든 주인공은 인도인이 아니라고?

깜짝 퀴즈를 하나 내보겠다. 카레라이스를 세계 최초로 만든 나라는 어느 나라일까? '인도'라고 답했다면 미안하지만 땡! '카레' 하면 누구나 머릿속에 인도를 떠올리지만 사실 카레라이스를 맨 처음 만든 나라는 영국이다.

카레는 무슨 의미일까? '채소와 고기 등의 건더기'를 의미하는 타밀어 카리(Kari)에서 유래했다는 설이 유력하다. 그 밖에 '밥에 얹어 먹는 소스'를 뜻한다는 설도 있다. 그러나 정확한 어원은 알 수 없다.

인도를 식민지로 삼은 영국은 향신료를 활용한 요리를 통틀어 '카리'라고 불렀다. 영국인들은 인도산 쌀로 지은 밥에 향신료를 버무려 만든 마살라를 얹어 카레라이스를 만들었다. 인도 북부에서는 화덕에 구운 납작한 빵 난(Naan)을 먹고 남부에서는 쌀을 주식으로 삼는다. 카레를 영국에 전한 워런 헤이스팅스(Warren Hastings: 나중에 초대 벵골 총독으로 취임함)는 쌀을 먹는 벵골지역에 주재해서 그런지 밥과 카레 스튜를 조합한 요리를 본국에 소개했다.

당시 영국인들이 주식으로 밥을 먹는 일에 거부감을 표현했는지는 알 수 없다. 아무튼 그들에게 쌀은 주식이라기보다는 채소와 비슷한 감각으로 받아들여지지 않았을까. 내 생각에 아마도 영국인들은 밥에 카레 스튜를 얹은 '카레&라이스'를 거부감 없이 받아들인 게 아닌가 싶다.

얼마 지나지 않아 영국은 향신료를 조합한 카레 가루를 개발했다. 이 카레 가루 발명으로 요리가 한결 쉬워지면서 카레는 대중화했고 영국 선원들은 장기 보관이 불가능한 우유 대신 보존력이 뛰어난 카레 가루를 이용해 스튜를 만들었다. 이 스튜에는 뱃사람들의 식량 중 하나였던 감자가 들어갔고 카레라이스는 영국 해군의 식사로 배급되었다.

인도인들이 즐겨 먹는 카레는 되직하지 않고 수프처럼 묽다.

영국 해군은 흔들리는 배 위에서 먹기 좋게 하기 위해 카레를 되직하게 만들었다. 영국 해군이 즐겨 먹던 국물 없이 걸쭉한 카레가 바로 오늘날 우리가 즐겨 먹는 카레라이스의 원형이다.

02

TOMATO

인류의 식탁을 바꾼 새빨간 열매 토마토

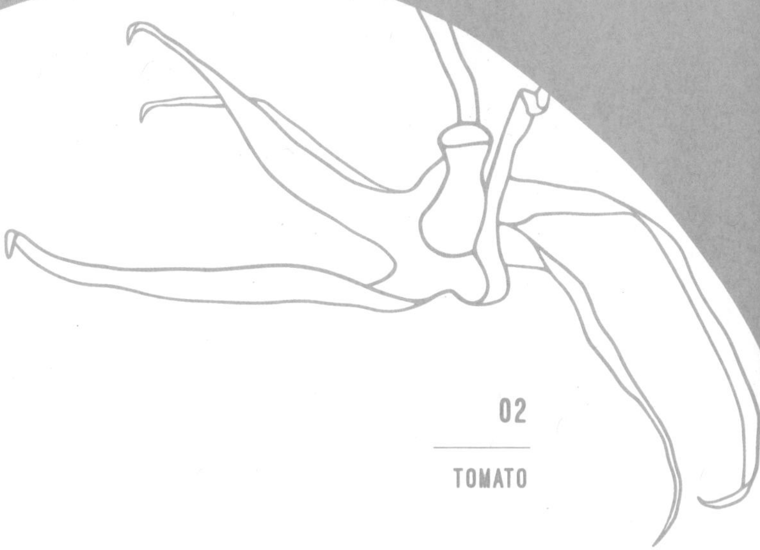

토마토는 세계에서 여섯 번째로 많이 재배하는 작물이다.
아메리카 대륙에서 건너온 열매가 유럽을 거쳐
아시아에 전해지기까지 몇백 년 동안 토마토는
세계인의 음식문화를 바꾸어놓았다.

200년간 유럽인에게 배척당한 불운한 식물

토마토도 감자와 마찬가지로 안데스산맥 주변이 원산지인 작물이다. 두 작물의 공통점은 하나 더 있다. 바로 둘 다 가짓과에 속하는 식물이라는 점이다. 그러고 보면 가짓과의 주요 식물들은 아메리카 대륙을 원산지로 하는 경우가 많다. 예컨대 토마토와 감자처럼 식탁에 자주 오르는 작물 외에 고추나 담배 같은 작물도 아메리카 대륙이 원산지인 가짓과 식물이다. 그 밖에 원예식물로 널리 재배하는 피튜니아(Petunia)도 남미가 원산지인 가짓과 식물이다.

감자와 토마토의 원산지인 안데스 산지의 사람들에게 이 두 작물은 어떤 의미로 다가왔을까? 그들에게 감자는 매우 중요한 식량 중 하나였던 반면 토마토는 딱히 그렇지는 않았다. 토마토를 귀히 여기고 꾸준히 재배해온 사람들은 멕시코의 아스텍인들이었다.

1492년 크리스토퍼 콜럼버스의 아메리카 대륙 탐험 이후 16세기에 토마토는 여러 탐험가에 의해 유럽에 전해졌다. 이 점에서도 토마토는 감자와 비슷한 스토리를 가진 셈이다. 갑자기 한 가지 궁금증이 생긴다. 아메리카 대륙에서 맨 처음 토마토를 접한 유럽인은 누구였을까? 그 주인공이 아스테카 문명(Aztecan Civilization)을 정복한 에스파냐(스페인) 출신의 에르난 코르테스(Hernan Corteś)라는 데는 이론의 여지가 별로 없다.

위에서 언급했듯 토마토와 감자는 공통점이 많지만 유럽에 전해진 후 결정적으로 다른 길을 걸었다. 우리가 이미 알다시피 감자는 도입 과정 초기에 여러 나라에서 우여곡절을 겪었다. 영국의 경우 엘리자베스 1세가 국민에 널리 보급하고자 노력하는 과정에 불행한 사고를 당하는 바람에 도입 시기가 많이 늦어지기도 했다. 그러나 결국에는 전 유럽에 받아들여지고 중요한 식량으로 인정받아 널리 재배되었다.

토마토의 운명은 감자와는 또 달랐다. 이 작물은 유럽에 전해진 후 오랫동안 사람들에게 받아들여지지 않았고 찬밥 신세를 면치 못했다. 유럽인들은 18세기에 들어서야 토마토를 먹기 시작했다. 놀랍게도 16세기에 전해져 무려 200여 년간이나 식용작물로 인정받지 못한 셈이었다.

유럽인은 왜 그토록 철저하게 토마토를 외면하고 배격했을까

1492년 콜럼버스가 아메리카 대륙을 발견(?)한 이후 16세기에 본격적으로 유럽에 전해진 토마토. 이 작물은 도대체 왜 이 땅의 사람들에게 그토록 철저히 외면당하고 배척당했을까? 왜인지는 정확히 알 수 없지만 토마토는 유럽에서 독이 있는 식물로 여겨졌다. 하긴 토마토가 속한 가짓과 식물 중에는 유독성 식물이 많은 편이기는 하다.

유럽에는 사람들이 '악마의 풀'이라 부르며 꺼림칙해 하던 벨라돈나와 마술에 사용하던 만드라고라 같은 유독성 가짓과 식물이 여럿 있다. 그래서인지 다른 유독성 가짓과 식물들과 비슷하게 생긴 토마토는 기피 대상이었다.

감자 역시 유럽에 전해진 초기에 독초로 여겨져 유럽인에게 외면당했다. 그러나 얼마 지나지 않아 귀중한 식량임을 이해한 사람들의 노력 덕분에 재배 지역이 차츰 넓어졌다. 토마토가 감자와는 다른 운명의 길을 걷게 된 까닭은 어떻게든 보급해야 할 중요한 작물로 인정받지 못했다는 데 있다.

실제로 감자는 덩이줄기의 초록색 부분과 싹, 잎에 독이 있다. 이 부분에 독성분 솔라닌이 생기기 때문이다. 감자의 덩이줄기는 처음에 아린 맛이 있어서 사람들이 선호하지 않다가 차츰 식량으로 이용해가는 과정에 아린 맛을 줄인 품종으로 개량한 것으로 보인다.

한편 토마토는 줄기와 잎에만 독이 있고 인간이 먹는 붉은 열매에는 독성분이 없다. 그래도 토마토 특유의 풋풋하면서 아린 맛은 남는데 그 맛이 토마토를 꺼리게 한 이유였다.

그러면 지금은 어떨까? 다음의 유럽 속담이 잘 보여준다.

"토마토가 빨갛게 익으면 의사 얼굴이 파랗게 변한다."

이 말은 의사가 필요하지 않을 정도로 토마토가 우리 몸에 좋은 식품이라는 의미다.

토마토가 독이 든 식물로 오해받은 것은 열매의 '빨간 색깔' 때문이라고?

인간은 붉은색을 보면 부교감신경(Parasympathetic Nerve, 副交感神經)이 자극받아 식욕이 생긴다. 실제로 푸릇푸릇한 푸성귀를 넣은 샐러드에 새빨간 토마토를 장식으로 곁들이면 한층 먹음직스러워 보인다. 왜일까? 붉은색이 달콤하고 잘 익은 과일을 연상시키기 때문이다.

식물은 새나 동물이 먹어주기를 바라며 열매를 맺는다. 새나 동물이 과육을 먹을 때는 과육과 함께 식물의 씨앗까지 삼켜버린다. 특히 새가 먹은 씨앗은 소화되지 않고 소화기관을 거쳐 배설물에 섞인 채 몸 밖으로 빠져나온다. 새는 씨앗을 소화하고 배설하는 동안 쉴 새 없이 이동하기 때문에 여기저기 흩어진다.

숲속 나무열매를 먹고살던 인류의 조상 유인원에게도 과일 색은 매우 중요했다. 그중에서도 붉은색은 맛있는 과일을 의미했다. 포유류는 붉은색을 인지하지 못하지만 영장류는 붉은색을 인식한다. 인간은 여기서 한발 더 나아가 붉은색을 보면 군침이 돌면서 식욕이 샘솟는다.

식물의 색소를 보면 대체로 붉은 기운이 감돌기는 해도 새빨간 색소는 별로 없다. 예를 들어 포도와 블루베리 등에는 보라색 색소 안토시아닌(Anthocyanin)이, 감과 귤에는 주황색 색소 카로틴(Carotene) 이 들어 있다. 이처럼 과일은 보라색과 주황색 색소를 활용해 조금이라도 더 붉은색에 가까워지려고 노력한다.

우리는 '사과'라는 말을 들으면 자연스럽게 붉은색을 떠올린다. 그러나 자세히 살펴보면 사과는 새빨간 색을 띠지 않는다. 아니, 빨간색이라기보다는 자주색에 좀 더 가깝다. 사과는 보라색 안토시아닌과 주황색 카로틴이라는 두 가지 색소를 교묘하게 조합해 빨간색을 만들어낸다.

반면 토마토는 실제로 새빨갛다. 토마토는 왜 이렇게 새빨간 색을 띨까? 이는 토마토에 들어 있는 리코펜(Lycopene)이라는 빨간색 색소 때문이다. 그런데 유럽인들은 남미에서 배를 타고 건너온 토마토를 보기 전까지 제대로 새빨간 과일을 본 적이 없었다. 사정이 그렇다 보니 유럽인들이 자신이 처음 보는 그 선명한 붉은색 과일에 독이 들어 있으리라 여기는 것도 무리는 아니었다.

토마토가 이탈리아를 대표하는 음식 재료로 자리 잡은 숨은 이유

유럽인들은 오랫동안 토마토를 관상용 식물로만 재배했다. 그러다가 토마토가 식용으로 자리 잡기 시작한 것은 이탈리아의 나폴리 사람들이 먹으면서부터였다. 스페인이 아메리카 대륙에서 토마토를 들여왔을 때 이탈리아는 아직 나라의 형태를 갖추지 못했고 나폴리왕국은 스페인령이었다.

일설에 따르면 나폴리 사람들이 처음으로 토마토를 먹기 시작한 것은 스스로 선택한 일이 아니었다고 한다. 극심한 기아에 시달리던 사람들이 배가 등에 들러붙을 정도로 굶주림에 시달리다가 어쩔 수 없이 먹기 시작했다는 얘기다.

나폴리는 스파게티의 본고장이다. 당시에도 이 도시는 스파게티를 대량 생산하는 기술과 인프라를 갖추고 있었다. 나폴리 사람들은 그렇게 대량 생산한 스파게티 소스에 토마토를 사용하면서 '나폴리타나'라는 이름의 파스타 요리를 탄생시켰다. 참고로 유럽인들은 오랫동안 토마토를 관상용 식물로만 재배했다.
그러다가 토마토가 식용으로 자리 잡기 시작한 것은
이탈리아의 나폴리 사람들이 먹으면서부터였다.

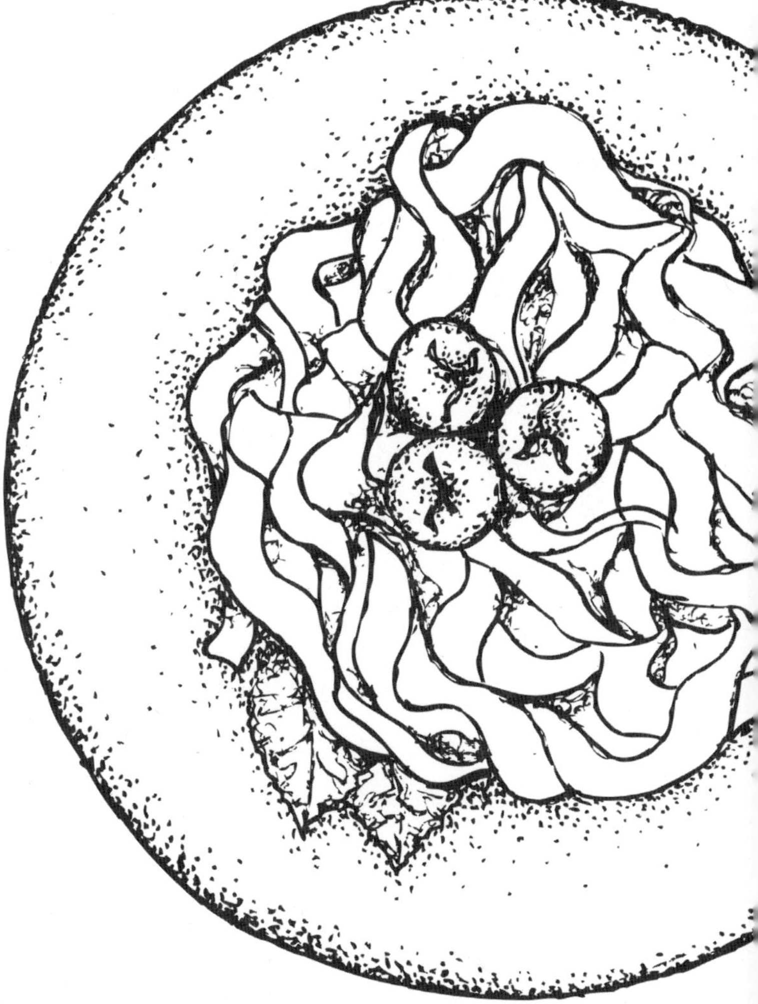

토마토케첩을 섞은 나폴리탄 스파게티는 태평양전쟁 이후 이탈리아가 아닌 일본에서 개발한 메뉴다.

나폴리에서 요리에 처음 이용할 무렵만 해도 토마토는 고급 음식 재료가 아니었다. 토마토소스를 얹은 나폴리 스파게티는 노점상이 솥에서 삶아 내주면 노동자들이 포크나 숟가락도 없이 손으로 집어 먹으며 배를 채우던 서민 요리였다.

나폴리 사람들이 스파게티를 처음으로 먹기 시작한 것은 언제부터였을까? 정확히 알 수는 없지만 늦어도 17세기 말 즈음에는 이미 스파게티가 존재했던 것 같다.

나폴리는 피자의 탄생지로도 유명하다. 피자는 가난한 사람들이 밀가루로 만든 반죽에 토마토를 얹어 먹던 요리에서 비롯되었다. 피자 역시 18세기 무렵 노점에서 싼값에 배를 채우기 위해 만들어진 서민 요리였다.

당시 토마토소스는 나폴리 이외의 지역에서는 먹을 수 없었다. 그렇다 보니 사람들은 자연스럽게 토마토소스를 사용한 요리를 '나폴리타나(나폴리풍)'라고 불렀다. 아메리카 대륙에서 건너온 이국 식물 토마토가 나폴리 사람들의 노력에 힘입어 오늘날 이탈리아를 대표하는 음식 재료로 자리 잡은 셈이다. 이탈리아 요리에 약방의 감초처럼 빠지지 않고 등장하는 토마토는 오랫동안 외면당하던 천덕꾸러기 신세에서 벗어나 단숨에 이탈리아 음식문화를 크게 뒤바꾸어놓았다.

전 세계인의 식탁을 뒤바꿔놓은 토마토케첩은 어떻게 탄생했나

아메리카 대륙에서 유럽 대륙으로 건너간 토마토는 오랜 시간이 흐른 뒤 식용으로 재배되다가 다시 영국을 거쳐 북아메리카 대륙의 미국으로 건너갔다. 말하자면 애초 아메리카 대륙(남미)에서 유럽으로 건너간 토마토가 다시 아메리카 대륙(북미)으로 역수입된 셈이었다.

토마토가 유럽에서 건너올 무렵 미국인들은 토마토에 독이 있다며 꺼림칙하게 여겼다. 미국인들이 토마토를 주 음식 재료로 받아들이는 데 가장 크게 기여한 인물로 제3대 대통령 토머스 제퍼슨을 꼽을 수 있다. 일찍이 유럽을 방문했을 때 토마토를 먹어본 적 있는 제퍼슨은 사람들이 독초로 여겨 피하던 감자와 토마토를 많은 사람 앞에서 거리낌 없이 먹었다고 한다. 그 일은 사람들이 두 작물에 대한 두려움을 떨쳐내게 하는 중요한 계기가 되었다.

많은 우여곡절 끝에 미국에서도 서서히 받아들여지기 시작한 토마토는 바야흐로 전 세계인의 식탁을 뒤바꿔놓은 획기적인 제품 탄생으로까지 이어졌다. 그 제품이 뭘까? 토마토케첩이 바로 그 주인공이다.

사실 케첩은 이때 처음 만들어진 제품이 아니었다. 그 뿌리를

"목마른 사람이 먼저 우물을 판다"라는 속담대로
영국에서 미국으로 이주한 사람들은 음식 재료가 한정적인
신대륙에서 케첩을 만들려고 애를 썼다.
그때 그들의 눈에 들어온 것이 바로 어디서나 볼 수 있는 토마토였고
결국 토마토케첩이 탄생하게 되었다.

찾아 거슬러 올라가다 보면 고대 중국에서 생선을 발효시켜 만든 'Kê-Chiap(어장魚醬)에 가 닿는다. 생선 소스 혹은 생선 액젓으로 볼 수 있는 '어장'이 동남아시아로 전해지면서 케첩으로 불렸다는 것이다.

아시아에서 케첩 맛을 본 유럽인은 다양한 어패류와 버섯, 과일을 활용해 케첩 맛을 재현했고 그렇게 만든 조미료를 케첩이라고 불렀다.

"목마른 사람이 먼저 우물을 판다"라는 속담대로 영국에서 미국으로 이주한 사람들은 음식 재료가 한정적인 신대륙에서 케첩을 만들려고 무진 애를 썼다. 그때 그들의 눈에 들어온 것이 바로 어디서나 볼 수 있는 토마토였고 결국 토마토케첩이 탄생하게 되었다.

오늘날에도 사람들은 케첩을 조미료를 뜻하는 단어로 사용한다. 케첩 하면 누구나 토마토케첩을 떠올릴 만큼 토마토는 케첩 재료의 대명사와도 같은 음식 재료였다. 그러나 케첩 재료로 토마토만 사용한 것은 물론 아니었다. 예를 들어 영국에는 버섯을 재료로 만든 케첩도 있다. 케첩을 활용한 음식문화가 가장 짧은 시간 내에, 그리고 가장 화려하게 꽃피운 나라는 미국이다. 이는 아마도 감자튀김과 햄버거, 오믈렛 등을 미국인들이 특히 좋아했는데 이 음식들에는 예외 없이 다량의 케첩이 사용되기 때문인 것 같다.

식량이 아닌 작물 중
전 세계 생산량 1위에 빛나는 토마토

퀴즈를 하나 풀어보자. '전 세계적으로 가장 많이 재배하는 작물 1~3위는 뭘까?' 1위는 옥수수다. 그다음으로 생산량이 많은 작물은 밀이고 3위는 벼다. 주요 곡물인 옥수수, 밀, 쌀은 '세계 3대 곡물'로도 불린다. 그다음 4위는 감자, 5위는 대두인데 토마토는 세계 5대 주요 작물 바로 뒤인 여섯 번째로 생산량이 많은 작물이다.

그러고 보면 1~5위 작물의 경우 주 식량으로 전 세계인을 먹여 살리는 식물들이다. 토마토는 식량이 아닌 작물 중에서는 생산량이 가장 많은 작물이라고 해도 틀린 말은 아니다.

토마토 하면 흔히 이탈리아를 떠올린다. 그러나 전 세계 토마토 생산국 중에서 이탈리아는 생산량이 5위에 지나지 않는다. 토마토케첩을 대량 생산하는 미국도 3위에 그친다.

여기서 퀴즈 하나 더. 전 세계에서 토마토 생산량이 가장 많은 나라는 어느 나라일까? 뜻밖이라고 생각하는 사람이 적지 않을 것 같은데 바로 중국이다. 그 뒤를 잇는 나라는 인도다. 여기까지만 보면 세계 인구 순위와 정확히 일치한다. 두 나라 모두 인구가 아주 많고 그만큼 소비량도 어마어마하다. 아무튼 이제 중화요리와 인도 요리에서 토마토는 없어서는 안 될 중요한 음식 재료로 완전히 자리 잡았다. 아메리카 대륙에서 태어난 토마토가 유럽을 거쳐 아시아에 전해진 시기는 유럽 선박이 아시아를 빈번하게 드나들던 대교역 시대로 17세기 이후였다. 이처럼 토마토는 불과 몇백 년 동안 전 세계 음식문화를 크게 바꾸어놓았다.

토마토는 감칠맛 성분이 풍부하고 가열해도 그 감칠맛이 사라지지 않아 다양한 요리에 맛을 더해주는 일종의 조미료로 쓰인다. 새빨간 토마토는 언뜻 보기에는 과일 같지만 많은 사람이 디저트용으로 먹는 것 못지않게 요리재료 중 하나로 여기고 가열 조리해서 영양을 섭취한다. 이런 특징을 고려하면 토마토는 과일보다는 채소에 가깝다고 볼 수 있다.

미국에서 토마토가 재판에 회부된 적 있다는데?

토마토는 채소일까 과일일까?

식물학적으로 토마토는 식물의 열매, 즉 과일이다. 그러나 유럽인에게 과일이란 사과나 포도처럼 달콤한 맛을 내는 디저트용 식물이다. 요리재료로 활용하는 과일은 거의 없다.

토마토와 마찬가지로 요리재료로 쓰이는 과일이 또 있을까? 가지와 오이가 있다. 하지만 이 작물들은 아시아에서 즐겨 먹는 음식 재료로 유럽인의 식탁에서는 여전히 낯선 존재였다.

과일과 채소의 차이는 무엇일까? 간단히 정의하자면 열매를 먹는 식물을 과일, 열매 이외의 부위를 먹는 식물을 채소라고 할 수 있다. 식물학적으로 과일이란 식물의 열매를 의미한다. 이 관점에서 볼 때 토마토는 열매이므로 과일에 속한다. 그런데 사람들은 과일이라는 단어를 식물학적 의미를 넘어서서도 사용한다. 다시 말해 디저트용으로 직접 먹으면 과일이고 요리재료로 일정한 조리 단계를 거쳐서 섭취하면 채소다. 어차피 과일과 채소의 분류는 자연계가 아닌 인간이 임의로 정한 것이다. 그러므로 토마토는 과일인 동시에 채소로 보아도 무방하다.

어느 쪽이든 상관없는 일 아니냐고 반문하고 싶은 이도 있겠지만 19세기 미국에서 이것은 절대로 간단치 않은 문제였다. 토마토가 과일인지 채소인지를 놓고 치열한 논쟁을 벌이다가 급기야 재판까지 벌어졌기 때문이다.

재판 결과는 어땠을까? 식물학자들이 과일이라고 주장하면서 재판은 상고를 거쳐 연방최고법원까지 올라갔다. 당시 연방최고법원은 토마토가 디저트가 아니라는 이유를 들어 채소라고 판결했다. 그에 따라 토마토는 식물학적으로는 과일이지만 법적으로는 채소인 셈이다.

그건 그렇다 치고 어째서 토마토가 과일인지 채소인지를 두고 법원의 판결까지 받아야 했을까? 그 시절 미국 정부는 채소에는 관세를 부과했으나 과일에는 그렇게 하지 않았다. 그에 따라 세금을 징수하는 공무원은 토마토를 채소라고 주장하며 세금을 내라고 했고 수입업자는 과일이라고 주장하며 팽팽히 맞섰다.

토마토가 채소인지 과일인지는 지금도 명확하지 않다. 나라마다 이 두 작물을 제각각 다르게 구분하기도 한다. 예를 들어 일본인은 토마토뿐 아니라 과일로 먹을 수 있는 딸기와 멜론도 나무에 열리는 열매가 아니라 초본 속 식물이므로 채소로 분류한다. 반면 한국인은 일반 토마토와 방울토마토를 모두 과채류(果菜類)로 규정한다.

03

PEPPER

대항해시대를 연 '검은 욕망' 후추

유럽에서는 고기가 중요한 식량이었으나
고기는 부패하기 쉬워 보존하기 어려웠다.
향신료는 '언제나 맛있는 고기를 먹을 수 있게' 해주고
풍요로운 식생활을 구현해주는 마법의 약이었다.

금과 맞먹는 가치를 지닌 식물, 후추

후추가 금과 맞먹는 가치를 지녔던 시대가 있었다. 오늘날 후추는 마트에서 고작 몇천 원이면 살 수 있을 정도로 흔하디흔한 향신료다. 그런 터라 과거에 후추가 금처럼 귀한 대접을 받았다고 얘기하면 선뜻 믿으려 하지 않는 사람이 많다. 그깟 후추 따위가 뭐 그리 대단하다고 그런 귀한 대접을 받았겠느냐는 거다.

유럽 대륙의 서늘하고 건조한 기후에서는 주로 볏과 식물(Gramineous Plant)이 자라는 초원이 펼쳐지는데, 볏과 식물 줄기와 잎은 인간이 식량으로 삼기에 적합하지 않았다. 유럽인들은 이 딜레마적인 문제에 맞닥뜨려 어떻게 식량 문제를 해결했을까? 그들이 해답의 실마리를 발견한 대상은 '초식동물'이었다. 우리가 잘 알다시피 소·돼지·양 등의 초식동물들은 풀을 먹고 자란다. 인간은 자신이 먹을 수 없는 볏과 식물의 잎과 줄기를 베어 초식동물에게 먹여 기르고 다 자란 동물의 고기를 식량으로 삼았다. 이런 배경에서 야생의 초식동물이 가축으로 바뀌고 축산업이 시작되었다. 유럽인에게 가축을 키워 얻은 고기는 매우 중요한 식량이었다. 참고로 가축은 영어로 livestock인데, 이를 직역하면 '살아 있는 재고'라는 뜻이다.

추운 겨울이 오면 가축에게 먹일 먹이를 구하는 일이 녹록하지 않았다. 오늘날에는 풀에 젖산균을 넣어 발효 과정을 거친 사일리지(Silage: 말리지 않고 저장해 수분 함량이 많은 목초류—옮긴이)와 보존성이 뛰어난 곡물을 먹이로 사용한다. 하지만 풀을 베어 보관해 둘 수 없었던 당시에는 먹이를 충분히 확보하기가 어려웠다.

유럽인들은 겨울이 닥치기 전 최소한의 가축만 남기고 나머지 가축을 도살해 고기로 만들었다. 고기는 부패하기 쉬워 저장성이 떨어지지만 사람들은 어쩔 수 없이 그 고기로 버텨내야 했다. 그들은 고기의 부패를 막거나 지연시키기 위해 소금에 절이거나 말리는 등 온갖 방법을 동원했다. 향신료도 그 다양한 방법의 하나였다. 향신료가 있다면 고기를 어느 정도 양호한 상태로 보존할 수 있었다. 조금 과장하면 향신료는 '언제나 맛있는 고기를 먹을 수 있게' 해주고 풍요로운 식생활을 구현해주는 마법의 약이었다.

문제는 당시 후추가 워낙 고가의 사치품이어서 대다수 사람은 손에 넣을 엄두조차 내기 어려웠다는 데 있었다. 후추는 왜 그렇게 비쌌을까? 여러 이유가 있지만 그중에서도 '희소성'과 '막대한 유통 비용' 탓이 컸다.

후추는 남인도가 원산지인 아열대 식물로 중동의 아랍지역과 유럽에서는 재배할 수 없었다. 그러므로 상인들은 육로를 멀리 돌아 인도에서 후추를 들여올 수밖에 없었다. 그 먼 길을 돌아오다 보니 과정에 운송비가 폭등했다. 설상가상으로 운송 과정에 여러 가지 위험요소가 많아 무사히 유럽에 도착한다는 보장도 없었다. 그런 터라 가격이 더욱 치솟았다. 최종적으로 유럽에 도착한 후추는 입이 떡 벌어질 정도로 비싼 가격에 거래되었다.

향신료를 차지하는 나라가 세계를 제패하던 시대

이슬람권에서는 온갖 향신료를 사용한 요리가 발달했다. 후추가 유럽에 전해진 것은 십자군 원정 이후였다. 이슬람 지역으로 십자군 원정을 떠난 기사와 병사들이 그곳에서 다양한 음식을 맛본 뒤 후추를 비롯한 여러 향신료를 자신의 모국에 전한 것이었다. 중세 유럽인들은 그 독특하고도 이국적인 향취에 흠뻑 취해 후추 등 향신료를 열렬히 갈망하기 시작했다.

'후추를 비롯한 다양한 향신료를 육로가 아닌 해로로 유럽에 들여올 수 있다면……?' 당대의 유럽 상인들의 머릿속에 섬광처럼 이런 생각이 스쳐 지나갔다. 당시 유럽에서 향신료의 인기는 하루가 다르게 치솟고 있었기에 만약 그렇게 할 수만 있다면 막대한 이익을 취할 수 있을 것 같았다. 그들은 바닷길로 후추를 들여와 대박을 터뜨릴 생각에 밤잠을 설쳤다. 그러나 그것은 생각처럼 녹록한 일이 아니었다. 유럽인의 후추 사랑은 여전히 이루어지기 힘든 짝사랑에 신기루처럼 손에 잡히지 않는 무언가로 남아 있었다.

중세 유럽 선원들에게 바다란 주로 '지중해'를 의미했다. 포르투갈과 스페인은 지중해 끄트머리에 있는 나라다. 그런 터라 이 두 나라는 지중해 무역에 활발히 참여하기가 어려웠다. 흥미롭게도 두 나라가 지닌 이런 지정학적 약점과 한계가 장점으로 작용했고 장기적으로 새로운 기회를 만들어주었다. 두 나라는 지중해 무역에 억지로 끼려고 애쓰는 대신 지중해 바깥의 넓은 바다로 진출한 것이었다.

그러나 처음에는 포르투갈과 스페인의 '먼 바다로의 무역'이 잘 풀리지 않고 운도 따라주지 않았다. 아무리 열심히 선단을 꾸려 내보내도 선장과 선원들은 겨우 아프리카 대륙 연안을 따라 항해하다 돌아오는 게 전부였다. 반복되는 항해에서 두 나라는 연거푸 손실만 입고 손에 쥘 만한 게 거의 없었다.

아프리카 북서부에는 '죽음의 곶'으로 알려진 보자도르(Bojador) 곶이 있다. '죽음의 곶'이라는 악명에 걸맞게 그곳은 험난하고도 위험천만한 지형이었다. 이곳을 경험해본 선장과 선원들은 하나같이 입을 모아 어떤 사람도 어떤 배도 이 곶을 넘어설 수 없을 거라고 떠들고 다녔다. 그 곶은 당대의 유럽인들에게 그야말로 '세상의 끝'이었으며 실제로 그때까지 그곳을 넘어갔다가 무사히 살아 돌아온 사람이 없었다.

얼마 지나지 않아 '죽음의 곶', '세상의 끝'으로 불리며 난공불락의 영역으로 받아들여졌던 아프리카의 보자도르 곶을 넘어서는 기적 같은 일이 일어났다. '항해 왕자'라는 별명으로 불리기도 했던 포르투갈의 엔히크가 그 기적의 주인공이었다.

보자도르곶 너머에서는 상아와 사금 등 값비싼 교역품이 그들을 기다리고 있었다. 그리고 아프리카에는 후추와 비슷한 맛을 내는 멜레구에타 고추(Melegueta Pepper: 'Aframomum Melegueta'라는 학명의 기니후추나무)가 있었다.

멜레구에타 고추는 생강과에 속하는 식물로 후추과에 속하는 후추와는 다른 종류지만 향신료로서 활용 가치는 충분했다. 그런 영향인지 훗날 사람들은 포르투갈인들이 멜레구에타 고추를 거래하던 장소를 '후추 해안'이라고 불렀다.

엔히크 왕자는 새로운 향신료와 함께 건장한 체구의 흑인들을 노예로 데리고 돌아왔다. 이렇게 대교역 시대의 문이 활짝 열리면서 인류의 최대 암흑 역사 중 하나인 노예무역의 막이 올랐다.

마침내 포르투갈 국왕의 명을 받은 바르톨로뮤 디아스(Bartolomeu

포르투갈 리스본 산타마리아데벨렝의 타구스강 연안에 있는 대항해시대를 기념하는 기념비.
기념비의 맨 앞쪽에 있는 인물이 엔히크 왕자.

Dias)의 선단이 아프리카 대륙 남단의 희망봉에 도달했고 대서양에서 인도양으로 가는 뱃길을 완성할 가능성이 커졌다. 그 무렵, 포르투갈로서는 충격적인 소식이 날아들었다. 크리스토퍼 콜럼버스(Christopher Columbus)가 인도에 도착했다는 소식이었다. 1492년의 일이었다. 포르투갈에 대교역 시대의 선두 자리를 내준 경쟁국 스페인이 포르투갈의 동방항로 개척에 맞서 서방항로를 개척하는 콜럼버스를 대대적으로 지원한 결과였다.

오늘날 우리는 콜럼버스가 당시 도착한 곳이 인도가 아니라 아메리카 대륙임을 잘 알고 있다. 그러나 콜럼버스는 자신이 도착한 곳이 인도라고 믿어 의심치 않았다. 그러다 보니 아메리카 원주민은 뜻하지 않게 세계사에 '인디언'이라는 이름으로 기록되는 불운을 겪었다. 콜럼버스가 아메리카 대륙을 탐험하던 무렵 당연하게도 그곳에는 인디언이 아니라 아메리카 원주민이 살고 있었다. 결국 그 땅의 최초 발견자는 콜럼버스가 아니라 그곳에서 오랫동안 살아왔던 아메리카 원주민이었으며, 콜럼버스는 탐험자이자 침략자의 첨병에 지나지 않았다.

대항해시대를 열고 세계를 둘로 나눈 두 나라

콜럼버스가 긴 항해 끝에 도착한 곳은 인도가 아니었지만 아메리카 대륙은 풍부한 자원을 보유한 풍요로운 땅이었다. 포르투갈과 스페인은 질새라 앞다투어 신대륙을 탐험했고 차근차근 식민지를 넓혀갔다.

포르투갈과 스페인은 탐험 과정에 자주 부딪혔고 툭하면 분쟁과 마찰로 이어졌다. 사실 두 나라는 콜럼버스가 신대륙을 탐험하기 이전부터 치열한 패권 다툼을 벌여왔다. 그들은 자국의 배가 닿는 곳이라면 그곳이 어디든 분쟁을 멈추지 않았다. 두 나라 사이에 끊임없이 분쟁과 반목이 이어지자 마침내 가톨릭 교황이 이 문제를 해결하기 위해 중재에 나섰다. 이때 교황이 제시한 중재안이 토르데시야스 조약(Treaty of Tordesillas: 지구의 바다를 둘로 갈라 스페인과 포르투갈의 국경선을 정한 조약)이다.

이 조약은 콜럼버스가 신대륙을 탐험하고 2년 뒤 체결되었다. 이 조약으로 대서양에는 경계선이 그어졌는데 서경 46도 37분 경계선 동쪽에서 새로 탐험한 땅은 모두 포르투갈령, 경계선 서쪽에서 탐험한 땅은 스페인령으로 삼기로 했다. 결국 포르투갈은 지배력을 다져가던 아프리카를 손에 넣었고 스페인은 이제 막 탐험한 땅으로 문명과 거리가 있던 아메리카 대륙을 손에 넣었다. 그렇게 포르투갈과 스페인은 세계를 둘로 나누어 지배하기 시작했다.

교황의 중재 노력으로 문제가 표면적으로 해결된 것처럼 보였으나 실상은 그렇지 않았다. 다른 유럽 국가들이 보기에 이는 공정하지 않은 처사였기에 전 유럽이 부글부글 들끓었다. 포르투갈·스페인 독주 체제에 불만을 품고 가톨릭 질서에 반기를 드는 나라들이 등장하기 시작했다. 가장 먼저 가톨릭에서 멀어진 것은 네덜란드와 영국이었다.

이후 스페인은 아메리카 대륙을 야금야금 식민지로 만들기 시작했다. 스페인이 잉카제국을 정복한 시기도 이 무렵이었다. 그 탓에 지금도 중남미의 많은 나라가 스페인어를 사용하는데 남미에서는 유일하게 브라질만 포르투갈어를 사용한다. 그 이유는 포르투갈 탐험대가 정복한 브라질이 경계선 동쪽에 있었기 때문이다. 토르데시야스 조약에 따라 포르투갈은 브라질을 식민지로 삼은 것이었다.

아메리카 대륙을 제패한 스페인의 야욕은 거기서 멈추지 않았다. 이 나라는 서방항로 개척에 더욱더 박차를 가하여 아시아에 진출하려는 계획을 세웠다. 이 무렵 아메리카 대륙에서 태평양을 건넌 인물이 바로 페르디난드 마젤란(Ferdinand Magellan)이다. 묘하게도 인류 역사상 최초로 세계를 일주하여 지구가 둥글다는 이론을 증명한 마젤란은 포르투갈 사람이면서 스페인 왕의 명령을 받아 태평양을 횡단했다. '태평양'과 '마젤란해협'은 마젤란의 세계 일주 덕분에 붙여진 이름이다. 마젤란은 탐험 도중에 벌어진 필리핀 막탄섬 부족과 싸움에서 사망하는 바람에 임무를 완수하지는 못했으나 그의 부하들이 장장 3년이 넘는 긴 항해 끝에 꿈에 그리던 세계 일주 임무를 완수해냈다.

네덜란드는 왜 살벌한 향신료 무역 판에 도전장을 내밀었나

1492년, 애초 인도에 가고자 했던 콜럼버스는 의도와 달리 아메리카 대륙에 도착했다. 그로부터 6년 후인 1498년 실제로 인도에 도달한 유럽인이 있었다. 바스쿠 다가마가 바로 그다. 그가 이끈 선단은 동쪽항로를 이용하여 인도에 도착했다. 바스쿠 다가마의 인도 항해 성공 이후 포르투갈은 그리도 갈망하던 후추를 손에 넣기 위해 연이어 선단을 인도로 보냈고 향신료 무역으로 어마어마한 부를 축적했다.

높이 뜬 해가 오래지 않아 지듯 막대한 부를 축적하고 국력을 자랑하던 포르투갈이 서서히 쇠락의 길로 접어들었다. 아프리카와의 무역으로 급증한 흑인 노예가 농장 등에 대거 투입되자 농민들은 차츰 일할 의욕을 잃어버렸고 이것은 생산력 감소로 이어졌다. 여기에 더해 이미 한 번 달콤한 부의 맛을 본 귀족들과 정치인들의 부패상이 날로 심해졌다.

이 무렵, 포르투갈이 주춤하는 사이를 놓치지 않고 치열한 향신료 무역 판에 과감히 도전장을 내민 나라가 있었다. 바로 네덜

1492년, 애초 인도에 가고자 했던 콜럼버스는
의도와 달리 아메리카 대륙에 도착했다.
그로부터 6년 후인 1498년 실제로 인도에 도달한
유럽인이 있었다. 바스쿠 다가마가 바로 그다.

바스쿠 다가마

란드였는데, 이 나라는 여러 가지 복잡 미묘한 대내외적 상황을 타개하기 위한 묘수로서 향신료 무역을 활용했다. 무엇보다 한때 스페인의 지배를 받다가 독립한 네덜란드는 스페인의 영향력에서 완전히 벗어나기 위한 경제적 돌파구가 절실했다. 여기에 더해 네덜란드는 신교도인 프로테스탄트 국가였는데 로마교황청과 가톨릭 국가들로부터 받게 될 수도 있는 간섭과 박해를 차단하기 위해서도 아시아의 향신료가 꼭 필요했다.

앞서 말했듯 포르투갈은 동방항로를 이용하여 아시아로 향했고 스페인은 서방항로를 이용하여 아시아로 향했다. 이 장면은 진시황제의 손에 의해 멸망했던 여러 나라의 영웅호걸들이 강력한 통일왕조 진나라를 무너뜨릴 때 항우와 유방 군대가 서로 반대편으로 진격하여 진나라 수도 함양으로 진격하는 모습을 연상시킨다. 아무튼 약간 후발주자인 네덜란드와 영국은 포르투갈과 스페인이 개척한 길이 아닌 제3의 길을 개척하고자 했다. 그 과정에 두 나라는 북쪽에서 중국으로 들어가는 북해항로에 눈을 뜨게 되었다. 그러나 이들 나라는 북극권을 통과하는 북해항로를 끝내 정복하지 못했다. 북해항로 개척에 실패한 네덜란드는 일단 포기했으나 영국은 새로운 항로를 찾는 탐험을 멈추지 않았다. 그리고 운이 따랐는지 호주와 하와이 제도를 발견했다.

네덜란드는 상대국들의 호의를 얻어 국교를 확장하는 방법을 채택했다. 여기에는 그럴 만한 이유가 있었다. 대항해시대의 선두

주자인 포르투갈과 스페인은 자국의 무역 독점 상태를 유지하기 위해 비열한 방법을 사용했다. 두 나라가 이미 진출해 있는 아시아의 여러 나라에 백인은 스페인인과 포르투갈인뿐이고 네덜란드인은 사실 백인이 아닌 야만인이라는 식의 나쁜 소문을 퍼뜨린 것이었다. 네덜란드는 이렇게 생긴 악평과 나쁜 이미지를 불식하기 위해 현지 군주들과 친교를 쌓아 돈독한 관계를 맺고자 노력했다.

당시만 해도 아직 유럽 대륙의 절대강자는 스페인과 포르투갈이었지만 두 나라는 주도권을 급속히 상실해가고 있었다. 여기에는 여러 복합적인 이유가 있었다. 무엇보다 두 나라가 펼친 난폭한 정복과 강압적 식민지 지배에서 비롯된 성격이 강했다. 네덜란드는 두 나라의 실패를 반면교사로 삼아 온건한 식민지 지배 정책으로 방향을 전환했고 주도권을 장악해갔다. 영국도 네덜란드와 비슷한 정책을 폈다. 그 덕분이었는지 이후 네덜란드와 영국 두 나라가 새로운 유럽 대륙, 그리고 세계를 제패하는 신흥 강국으로 부상했다.

포르투갈은 대교역의 시대를 활짝 열고 이끌던 대표적인 나라였다. 그러나 포르투갈의 영향력과 패권은 그리 오래가지 못했다. 차츰 국제적 리더십을 잃고 힘과 권위를 상실해가던 이 나라는 그야말로 바닥까지 추락하여 마침내 스페인에 합병되는 수모를 겪었다. 1580년의 일이었다.

16세기 말, 스페인 왕 펠리페 2세는 드넓은 식민지국을 통치하면서 막대한 부를 축적했다. 스페인의 앞길을 방해할 장애물이 아무것도 없는 것 같았으나 그렇지 않았다. 조용히, 그러나 확실하게 신흥 강자로 떠오르는 영국이 스페인의 앞길에 짙은 그림자를 드리웠다.

당대의 가장 강력한 라이벌 영국과 스페인의 적대감과 갈등이 최고조에 이르렀고 결국 전쟁으로 이어졌다. 두 나라는 해전에서 건곤일척의 대결을 벌였다. 승리의 여신은 영국의 손을 들어주었다. 영국함대가 당대의 '무적함대'로 불리던 스페인의 아르마다를 격파해버린 것이었다. 그 무렵 네덜란드 군대 역시 동인도제도에서 포르투갈 군대를 무찔렀고 세계 패권은 영국과 네덜란드의 손으로 완전히 넘어갔다.

후추가 금처럼 비싼 가격에 팔린 진짜 이유

다시 스페인과 포르투갈이 패권을 장악하고 있던 시대로 조금 거슬러 올라가 보자. 스페인으로부터 강력한 무역 제재를 받던 네덜란드는 그나마 믿는 구석이던 포르투갈마저 스페인에 합병되자 향신료를 입수할 길이 막막해졌다. 이제 남은 방법은 다른 나라의 도움 없이 독자적으로 향신료를 확보하는 길을 찾는 수밖에 없었다.

당시 네덜란드가 대내외적으로 맞닥뜨린 상황은 녹록하지 않았다. 우선 여러 개의 상사가 경쟁적으로 후추 쟁탈전에 나서다 보니 그 과정에 현지 후추 가격이 폭등하는 문제가 발생했다. 물건값은 수요와 공급 메커니즘에 의해 결정되는 법. 수요가 기하급수적으로 많아지고 경쟁이 치열해지다 보니 후추 가격이 천정부지로 치솟는 것은 당연한 결과였다. 한편 네덜란드 국내에서는 후추 가격이 하락하는 기이한 현상이 발생했다. 국내의 판매상들이 제 살 깎아 먹기 식 경쟁을 벌인 결과였다. 그로 인해 국가적 차원에서 향신료 무역의 수익이 급감했고 점점 위험한 상황으로 치달았다. 향신료 무역의 심각한 문제점을 간파한 네덜란드 정부는 분산된 여러 개 상사를 통합해 대규모 회사를 만들고 무역 독점권을 부여했다. 그 과정에 탄생한 것이 바로 유명한 동인도회사다.

이런 우여곡절을 겪고 난 뒤에도 후추 가격은 하락할 기미가 없었다. 아시아에서 유럽으로 운송하는 데 막대한 비용이 들었기 때문이다. 엄청나게 비싼 후추 가격은 이후 항해 기술이 발달해 운송비가 획기적으로 절감되고 항로도 정착되어 안정적으로 유럽에 상품이 들어오기까지 이어졌다.

아무튼 항해 기술이 발달하고 항로가 안정화하면서 영원히 지속할 것만 같던 후추 가격은 차츰 내려가기 시작했다. 그러다가 산업혁명이 일어나 증기선이 등장하고 후추가 유럽에 대량으로 유입되면서 후추 가격은 더 크게 하락했다.

후추는 고기를 오래 보존하는 데 필요했으나 단지 이 용도 때문에 그렇게 비싼 가격에 팔린 것은 아니었다. 사실 사치스러운 식생활을 즐긴 귀족들은 마음만 먹으면 언제든 신선한 고기를 먹을 수 있었다. 가축의 먹이만 충분히 확보해두면 굳이 가축을 미리 도축해 보관해둘 필요가 없었기 때문이다. 귀족이나 상류층에서 후추의 인기가 치솟고 그에 따라 엄청난 가격이 형성된 데는 사실 실용적인 목적보다는 자신의 높은 지위와 부를 과시하기 위한 상징적 목적이 더 크게 작용했다. 이는 설탕이 귀하던 시절에 사람들이 설탕을 부와 권력의 상징으로 여기던 것과 비슷한 현상이었다.

항해 기술이 발달하면서 후추를 대신할 만한 여러 종류의 향신료가 유럽으로 들어왔다. 그러자 과거에 금과 맞먹는 엄청난 가격에 팔리던 후추 가격은 급격히 하락하기 시작했다. 또다시 수요 vs. 공급 법칙에 따라 공급이 넘쳐나면 가격은 내려가기 마련이다.

후추 가격이 내려가고 대중화하면서 동인도회사는 후추를 대신할 돈벌이 수단으로 삼을 만한 새로운 교역품을 찾는 일에 혈안이 되었다. 그 과정에 동인도회사가 찾은 것이 바로 동양의 '차'다.

식물이든 동물이든, 아니면 다른 그 무엇이든 질주하는 기관차와도 같은 인간의 욕망에 휘말리면 온갖 사건과 사고의 중심에

후추는 고기를 오래 보존하는 데 필요했으나
단지 이 용도 때문에 그렇게 비싼 가격에 팔린 것은 아니었다.
귀족이나 상류층에서 후추의 인기가 치솟고 그에 따라
엄청난 가격이 형성된 데는 사실 실용적인 목적보다는
자신의 높은 지위와 부를 과시하기 위한
상징적 목적이 더 크게 작용했다.

서게 된다는 것을 인류 역사는 잘 보여준다. 차 역시 질곡과도 같은 그 굴레에서 벗어나지 못했고 역사에 무수한 흔적을 남겼다.

후추를 향한 '검은 욕망'이 세계지도를 바꿨다

후추의 독주 시대를 끝낸 대체 향신료에는 어떤 것들이 있을까? 정향(클로브), 시나몬(계피나무껍질), 육두구(넛멕), 생강 등이 대표적이다. 유럽인들은 왜 그토록 향신료에 열광했을까? 가장 큰 이유는 향신료가 음식 맛을 좋게 하고 향을 높여주며 육류의 누린내와 생선 비린내를 없애주었기 때문이다. 더구나 향신료는 어떻게 조합해서 사용하느냐에 따라 맛과 사용법이 그야말로 무궁무진하다.

문득 이런 의문도 생긴다. '왜 유럽인이 절실히 필요로 하고 열광하는 향신료가 유럽이 아닌 인도에서 주로 생산되었을까?' 이 의문에 대한 답은 향신료가 가진 생태적 특성에서 찾아야 한다. 향신료의 향미 성분은 본래 식물이 병원균과 해충으로부터 자기 몸을 지키기 위해 축적하는 물질이다. 잘 알려진 대로 기온이 높은 아열대 지역과 습도가 높은 몬순 기후의 아시아에는 병원균과 해충이 많다. 그러므로 이곳에서 자라는 식물은 향미 성분 등을 갖춰 스스로 자기 몸을 지켜야 했다. 반면 기후가 서늘한 편인 유럽은 상대적으로 병충해가 적은 편이라 식물이 향미 성분을 갖출 필요가 없었다.

한때 금보다 더 비싼 가격에 거래되던 후추 등 향신료는 서서히 가격이 내려가기 시작했다. 구체적인 하락 시점을 짚어보라면 1650년 무렵이다. 아메리카 대륙의 원산지인 후추와 계피, 정향, 육두구를 섞은 듯한 독특한 향이 나는 올스파이스나 고추 같은 새로운 향신료가 등장했기 때문이다. 특히 후추처럼 맵고 온대지역에서도 잘 자라는 고추는 여러 나라에서 환영받았다. 이 무렵부터 인류는 커피와 코코아, 엽차 같은 기호품도 즐겨 먹기 시작했다.

아무튼 향신료를 사용하면서부터 인류의 식생활은 크게 바뀌었고 음식 맛에도 커다란 변화가 일어났다. 향신료를 찾아 항해 기술을 갈고닦은 인류 역사를 살펴보면 맛을 향한 인간의 욕망과 도전이 세계 역사를 얼마나 크게 바꿔놓았는지 새삼 깨닫게 된다.

그도 그럴 것이 사실 알고 보면 콜럼버스가 아메리카 대륙을 탐험한 일, 바스쿠 다가마가 희망봉을 돌아 인도까지 가는 항로를 개척한 일, 마젤란의 세계 일주 등이 모두 후추를 비롯한 향신료를 구하는 데 목적을 두고 있었기 때문이다. 아쉽게도 식민 지배를 당하는 나라의 입장에서는 자신이 가진 자산인 향신료가 표적이 된 셈이었고 세계 식민지화를 촉발하는 계기로 작용했다.

04

HOT PEPPER

콜럼버스의 고뇌와 아시아의 열광

고추

콜럼버스는 신대륙을 탐험하다가 알게 된 고추를
'페퍼(후추)'라고 불렀다.
콜럼버스는 정말로 후추를 몰랐을까?
바로 여기에 그의 고뇌가 숨어 있다.

아메리카 대륙에서 발견한 고추가
콜럼버스에게 '후추'여야만 했던 까닭

영어로 후추는 '페퍼(Pepper)'다. 그럼 고추는? '매운 후추'라는 의미의 '핫페퍼(Hot Pepper)', 혹은 '붉은 후추'라는 의미의 '레드페퍼(Red Pepper)'다. 참고로 고추를 개량한 종자인 피망은 '스위트 페퍼(Sweet Pepper)'라고 한다. 흥미롭게도 고추, 피망 등의 식물에 모두 후추를 뜻하는 Pepper가 들어간다.

후추와 고추는 실제로 많이 닮았을까? 그렇지 않다. 사실 후추와 고추는 서로 닮은 구석이 없는 전혀 다른 식물이다. 맛을 비교해봐도 마찬가지다. 두 식물은 닮았다고 보기 어려울 만큼 맛이 서로 다르다. 주로 향신료로 쓰는 후추는 알싸한 매운맛을 내는데 반해 고추는 입안이 얼얼하다 못해 자칫 입에 불이 나겠다는 생각이 들 정도로 화끈한 매운맛을 자랑한다.

이처럼 후추와 고추는 전혀 다른 작물인데도 어찌 된 연유에서인지 사람들은 고추를 후추의 일종으로 인식하며 부르고 있다. 후추와 고추는 왜 이런 식으로 자리매김했을까? 여기에는 값비싼 후추를 찾아 꿈꾸던 성공을 이루고 자신을 적극적으로 후원해준 스페인의 이사벨 여왕에게 보답하고 싶어 했던 콜럼버스의 고뇌가 숨어 있다(잘 알려진 대로, 콜럼버스가 애초 가고 싶어 했던 땅은 아메리카 대륙이 아니라 후추의 원산지인 인도였다). 콜럼버스에게 아메리카 대륙은 인도여야 했고 아메리카 대륙에서 발견한 고추는 후추여야 했기 때문이다. '콜럼버스의 달걀'이라는 말이 보여주듯 순간적 재치가 뛰어난 콜럼버스에게 자신의 목적을 달성하기 위해 적절히 말재주를 부려 대중을 속이는 일쯤은 일도 아니었을 것이다.

콜럼버스가 아메리카 대륙을 탐험하고 돌아오자 대대적인 환영 행사가 열렸다. 이 자리에서 그의 성공을 시샘한 몇몇 사람이 말했다.

"대서양 서쪽으로 나아가면 아메리카 대륙에 닿는 것은 당연한 이치인데 뭘 그리 대단한 일을 했다고!"

콜럼버스는 화가 났지만 속으로 삭이고 바로 되받아치지는 않았다. 대신 그는 테이블 위에 놓인 달걀을 가리키며 그들에게 말했다.

"이 달걀을 테이블 위에 세울 수 있겠소?"

그들은 달걀을 들고 콜럼버스에 다가와 테이블 위에 세워보려고 애를 썼지만 생각대로 되지 않았다. 그러자 이내 포기하고 이렇게 말했다.

"이 세상 누구도 달걀을 테이블 위에 세울 수는 없소."

그때 콜럼버스가 달걀을 집어 들더니 테이블에 탁탁 쳐서 한쪽을 깨뜨렸다. 그러고는 보란 듯이 달걀을 세워놓았다. 그 모습을 지켜본 사람들이 빈정거렸다.

"그런 식이라면 세우지 못할 사람이 어디 있겠소?"

"방금 누구도 세울 수 없다고 하지 않았소? 다른 사람이 이미 해낸 일을 따라 하는 것은 쉬운 일이지만 무슨 일이든 아무도 시도하지 않은 일을 처음 하기는 쉽지 않은 일이오."

후추를 향한 욕망에서 시작된
콜럼버스의 아메리카 대륙 탐험

인도 항해를 목적으로 스페인에서 출발해 대서양으로 향한 이탈리아 출신의 탐험가 크리스토퍼 콜럼버스. 그는 비록 애초 목적지로 삼은 인도에 도달하지 못했으나 1492년 역사에 길이 남을 아메리카 대륙을 발견하고 탐험하는 데 성공했다.

우리가 잘 아는 대로, 콜럼버스는 자신이 도착한 땅을 인도로 착각해 아메리카 대륙에 살고 있던 원주민을 인도 사람이라는 의미의 '인디언'으로 불렀다. 또 그는 카리브해에 있는 섬에 '서인도 제도'라는 이름을 붙였다.

오늘날 세계지도가 머릿속에 들어 있는 우리 현대인에게는 아메리카 대륙을 인도로 착각했다는 콜럼버스 이야기가 터무니없게 느껴진다. 하지만 당대의 사람들은 대서양 서쪽으로 계속 항해하면 인도에 도달할 거로 믿었다. 그 시절, 유럽인에게 인도는 완전한 미지의 땅이었다. 그러니 콜럼버스가 맨 처음 밟은 땅을 인도로 믿은 것도 그리 이상한 일은 아니었다.

콜럼버스의 착각은 여기서 그치지 않았다. 그의 항해 목적은 인도에서 후추를 확보해 스페인으로 직접 들여오는 직항로를 개척하는 데 있었다. 그 무렵 육류를 보존하는 데 필수품이던 후추는 아시아 각지에서 생산되어 인도로 모였고 다시 아랍 상인의 손을 거쳐 유럽으로 들어갔다. 당시만 해도 황금알을 낳는 아시아의 후추 무역이 아랍 상인들의 손아귀에 놓여 있었던 셈이다. 사정이 이렇다 보니 후추 가격 또한 아랍 상인에 의해 좌우되다시피 했다. 유럽 내부적으로 후추가 비싸질 수밖에 없는 여러 요인에 아랍 상인의 농간이 더해지다 보니 순식간에 후추는 같은 무게의 금과 맞먹을 만큼 엄청난 가격에 거래가 이루어지기 시작했다.

어이없게도 콜럼버스가 아메리카 대륙에서 알게 된 고추를 후추를 의미하는 '페퍼'라고 부르게 된 데는 이런 시대적·정치적·경제적·역사적 맥락이 존재한다. 후추는 아열대 기후의 인도 남부 지역이 원산지인 식물이라 유럽에서 나고 자란 콜럼버스가 후추라는 식물을 잘 몰랐다고 변명한다면 할 말은 없다. 실제로 후추를 향신료 중 하나로 날마다 사용하는 오늘날에도 후추가 덩굴손을 뻗는 덩굴식물이라는 사실을 아는 사람은 의외로 많지 않다. 그러니 후추라는 식물의 생김새를 몰랐다는 말은 얼마든지 수긍해줄 만하다. 그러나 후추를 찾아 거칠고 험한 항해에 나선 콜럼버스가 그 맛마저 몰랐을까? 콜럼버스는 의도적으로 착각한 듯싶다. 다시 말해 콜럼버스에게 아메리카 대륙의 고추는 후추여야만 했던 게 아닐까.

콜럼버스의 성공을 시샘한 이들의 말대로 대서양 서쪽으로 계속 항해하면 인도에 도달하게 된다는 것은 사실 콜럼버스만의 독특한 아이디어가 아니라 당대에는 상식과도 같은 보편적인 생각이었다. 관건은 아이디어의 참신성이라기보다는 행동과 실천의 여부였다. 콜럼버스는 바로 누구나 생각할 수 있는 아이디어를 과감히 실행에 옮겼고 스페인 여왕을 끝내 설득하여 탐험을 성공적으로 이끌었다. 바로 이 행동력·실천력에 콜럼버스의 위대함이 있다.

대서양 항로를 개척하여 인도에 도달하고 후추 등 향신료의 독

콜럼버스는 바로 누구나 생각할 수 있는 아이디어를 과감히 실행에 옮겼고 스페인 여왕을 끝내 설득하여 탐험을 성공적으로 이끌었다. 바로 이 행동력 · 실천력에 콜럼버스의 위대함이 있다.

점적인 무역권을 확보하여 자신을 후원해주는 나라의 국왕에게 막대한 부와 주도권을 안겨줌으로써 개인적 야망을 달성하겠다는 꿈을 품었던 크리스토퍼 콜럼버스. 그는 이 원대한 목적을 이루기 위해 막대한 자금이 필요했다. 콜럼버스는 우여곡절 끝에 스페인의 이사벨 여왕을 설득해 거액의 자금 원조를 약속받았다. 자신이 신항로를 개척하여 독점적으로 향신료 무역을 함으로써 막대한 부를 얻고 황금의 나라 지팡구(Zipangu: 마르코 폴로가 『동방견문록』에서 '황금의 나라'로 묘사한 일본의 호칭)도 찾을 수 있다는 달콤한 말로 이사벨 여왕을 설득했다.

그렇게 온갖 허풍을 떨어가며 자금을 지원받았으니 나중에 스페인에 돌아가 인도에 도달하지 못했다는 말을 꺼내기가 어려웠을 것이다. 이에 콜럼버스는 뻔히 알면서도 궁여지책으로 고추를 후추라고 속이는 앙큼한 거짓말을 꾸며냈을 가능성이 크다. 콜럼버스는 아메리카 대륙에 도착한 후 자신이 탐험한 곳이 인도라고 끈질기게 주장했고 황금의 나라 지팡구를 찾겠다며 죽는 날까지 아메리카 대륙을 누비고 다녔다.

끝내 후추를 찾지 못한 콜럼버스는 후추 대신 고추를 유럽에 들여왔다. 하지만 애석하게도 콜럼버스가 애써 가져온 고추는 매운맛이 너무 강하고 풍미가 후추와는 달랐기에 후추를 대신할 향신료로 인정받지 못했다. 유럽인은 좀처럼 고추를 향신료로 받아들이려 하지 않았다.

고추는 어떻게 아시아에서 후추를 비롯한 모든 향신료를 압도할 수 있었나

세계 패권을 다투던 스페인과 포르투갈이 토르데시야스 조약을 체결한 이후 스페인은 아메리카 대륙을 차근차근 식민지로 만들어갔다. 이 무렵 아메리카 대륙에서 찬밥 신세가 되어 밀려난 포르투갈은 바스쿠 다가마가 아프리카 희망봉을 돌아 인도로 가는 항로를 발견해 아시아로 가는 뱃길을 열면서 교역의 물꼬를 텄다. 1498년의 일이었다.

그로부터 2년 후인 1500년 포르투갈로서는 뜻밖의 좋은 일이 또 하나 생겼다. 포르투갈인 페드루 알바르스 카브랄(Pedro Alvares Cabral)이 남아메리카 동부 해안에 도달하면서 브라질이 포르투갈령으로 남게 된 것이었다. 오늘날 브라질의 일부인 이 지역은 스페인과의 경계선보다 동쪽에 자리하고 있다. 덕분에 토르데시야스 조약에 따라 경계선 동쪽에만 권한이 있던 포르투갈 선박은 아메리카 대륙에서 한동안 신세계 탐험에 몰두했다. 그들은 왜 신세계 탐험에 그토록 열을 올렸을까? 참고로 카브랄은 동쪽으로 돌아 인도로 가는 길을 찾다가 해류에 휩쓸렸다는 기록이 남아 있으나 진상은 알 길이 없다. 아무튼 포르투갈은 아메리카 대륙에 깃발을 꽂고 일정한 지분을 확보하는 데 성공했다. 그 과정에 포르투갈인들은 아메리카 대륙이 원산지인 고추와 처음으로 만났다.

고추는 유럽인에게는 외면당했으나 오랫동안 항해해야만 하는 뱃사람들에게는 매우 유용한 식물이었다. 당시 뱃사람들을 가장 고통스럽게 한 것은 괴혈병이었는데 비타민C를 다량 함유한 고추는 괴혈병 예방과 치료에 특효가 있었기 때문이다. 이 사실을 경험칙으로 알게 된 뱃사람들은 항해를 떠날 때마다 절대로 빼놓아서는 안 될 소중한 식량이자 의약품의 하나로 고추를 챙겨 배에 싣곤 했다.

고추는 포르투갈의 교역 경로를 따라 아프리카와 아시아로 전해졌다. 유럽에 환영받지 못한 고추는 아프리카와 아시아의 여러 나라로 급속히 퍼져 나갔고 많은 사람이 즐겨 먹는 음식 재료로 떠올랐다.

아시아와 아프리카 대륙에서 급속도로 퍼져 나가는 과정에 단순한 음식 재료를 뛰어넘는 고추의 새로운 효용성이 발견되었다. 먼저, 고추가 가진 '요리 보존 효과'를 꼽을 수 있다. 매운맛이 나는 고추는 해충 번식을 예방하기 때문에 고추가 들어간 음식은 그렇지 않은 음식에 비해 더 오래 상하지 않고 보존할 수 있다. 또 하나, 무더운 아프리카와 아시아의 국가에서는 더위로 감퇴한 식욕을 돋워주는 기특한 음식 재료로 쓰인다.

여러 장점 덕분에 고추는 아시아와 아프리카 대륙에서 별다른 거부감 없이 받아들여졌고 두 대륙 사람들의 밥상에서 주요 향신료 중 하나로 자리매김했다. 그리고 처음에는 다양한 향신료 중 하나로 여겨졌으나 얼마 지나지 않아 후추 등 다른 모든 향신료를 압도하는 독보적 지위를 확보했다.

요리사들은 인도 카레를 만들 때 후추 등 온갖 향신료를 사용하는데 오늘날에는 고추도 인도 카레에서 빼놓아서는 안 되는 중요한 향신료로 자리 잡았다. 태국 요리를 대표하는 그린커리와 똠얌꿍 등 동남아시아 요리에는 고추를 듬뿍 사용한다는 특징이 있다. 또 중국 쓰촨요리에도 매운맛을 내는 데 고추가 빠지지 않는다. 영양가가 높고 발한 작용을 촉진하는 고추는 특히 더운 지역에서 체력을 유지해주는 역할을 한다.

강력한 '중독성'으로 인간을 매혹하는 식물들

아시아인들은 왜 고추의 매력에 흠뻑 빠졌을까? 고추가 지닌 '중독성' 때문이 아닐까? 실제로 고추 품종 중에는 마리화나의 원료인 대마나 모르핀과 헤로인의 원료인 양귀비처럼 중독성 있는 성분을 함유한 것도 있다. 마약뿐 아니라 담배 원료이기도 한 가짓과의 니코티아나 타바쿰(Nicotiana Tabacum)에는 니코틴이라는 알칼로이드가 들어 있다. 이 니코틴도 중독성이 높은 물질이다.

'중독성' 하면 흔히 마약 성분을 떠올리지만 사실 우리가 일상적으로 사용하는 것 중에도 중독성 강한 것이 꽤 있다. 그 대표적인 것이 세계 3대 음료로 꼽히며 전 세계인에게 사랑받는 커피, 홍차, 코코아다. 이 중 커피는 꼭두서닛과의 커피나무 씨로 만들고 홍차는 동백과의 차나무 잎으로 만든다. 또 코코아는 벽오동과의 카카오 씨앗으로 만든다.

이 세 가지 음료에 공통으로 들어 있는 물질이 바로 카페인이다. 식물학자들은 카페인을 칼로이드라는 독성물질의 일종이자 해충과 동물로부터 식물이 자신을 지키기 위해 만든 기피물질로 추정한다. 이 카페인의 화학 구조는 니코틴이나 모르핀과 흡사해서 신경을 흥분시키는 작용을 한다.

카페인에는 담배의 니코틴과 유사한 중독성이 있다. 따라서 한 번 중독되면 카페인 없이 살지 못하는 상태가 된다. 지구상에 차고 넘치는 식물 중에서도 하필 전 세계 사람들이 매료되고 탐닉하는 식물들은 하나같이 카페인을 함유하고 있다.

카페인은 음료에만 들어 있는 성분은 아니다. 예를 들어 코코아처럼 카카오 열매로 만드는 초콜릿에도 카페인이 들어 있다. 카카오와 같은 벽오동과 식물 중에는 '콜라'라고 부르는 식물도 있다. 이 콜라나무 열매가 콜라 음료의 원료인데 콜라 역시 카페인을 함유한 식물이다.

마약은 불법이지만 커피와 콜라는 적당히 마시면 몸과 마음의 긴장을 풀어주고 활기를 불어넣어 준다. 아무튼 많든 적든 중독성이 있는 성분은 인간의 마음을 사로잡는데 일단 중독되면 끊는 일은 굉장히 어렵다.

인간 뇌에서 엔도르핀 분비를 촉진하는 고추의 캡사이신 성분

그렇다면 고추는 어떨까? 고추의 매운맛을 내는 캡사이신 성분은 원래 식물이 자신을 지키기 위해 만든 일종의 기피물질이다. 그러나 고추의 캡사이신 성분은 인간에게는 유익함을 준다. 인간이 고추를 먹으면 캡사이신이 내장 신경에 작용해 아드레날린 분비를 촉진하고 혈액 순환을 개선하는 효과가 있다.

고추는 어떤 맛을 낼까? 일단 고추를 먹으면 혀가 아려오면서 매운맛이 느껴진다. 알아두어야 할 것은 인간이 지닌 미각에 '매운맛'이 없다는 사실이다. 본래 인간의 미각은 살아가는 데 필요한 정보를 얻기 위한 수단 중 하나다. 예를 들어 쓴맛은 독을 식별하는 수단, 신맛은 상해서 시큼해진 음식을 판별하는 수단이다. 단맛은 인간으로 진화하기 전 원숭이가 먹이로 삼던 과일의 익은 정도를 식별하는 수단이다. 그러나 흥미롭게도 혀에 매운맛을 느끼는 부분은 없다.

그렇다면 우리가 느끼는 고추의 매운맛은 어디서 왔을까? 사

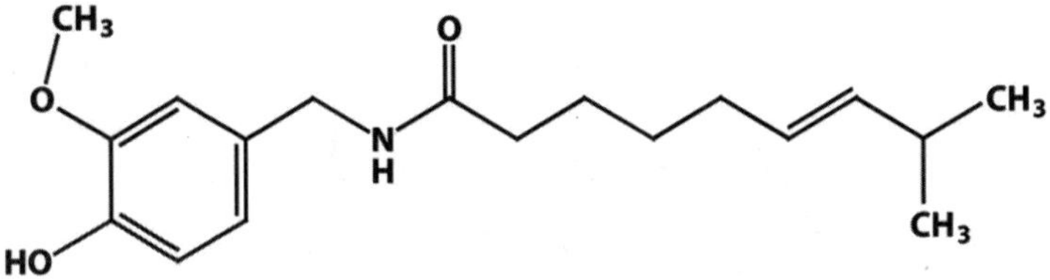

Pure capsaicin

우리가 느끼는 고추의 매운맛은 어디서 왔을까?
사실 캡사이신 성분의 매운맛은 미각이 아닌 통각이다.
캡사이신은 혀를 강렬하게 자극해 통각을 만들어낸다.
캡사이신의 매운맛은 일종의 통증인 셈이다.

실 캡사이신 성분의 매운맛은 미각이 아닌 통각이다. 캡사이신은 혀를 강렬하게 자극해 통각을 만들어낸다. 캡사이신의 매운맛은 일종의 통증인 셈이다. 일단 혀가 통증을 느끼면 몸은 그 통증의 원천인 고추를 빠르게 소화하고 분해하기 위해 위장을 활발하게 움직인다. 고추를 먹었을 때 유난히 물이 마시고 싶은 이유가 여기에 있다.

우리 몸이 캡사이신의 독성을 중화해서 배출하려고 다양한 기능을 총동원하면 순간적으로 혈액 순환이 빨라지고 이마에 송골송골 땀이 맺힌다. 갑작스러운 캡사이신의 침투로 몸에 이상이 생겼다고 판단한 뇌는 엔도르핀이라는 물질을 배출한다. 엔도르핀은 뇌에서 분비되는 호르몬으로 마약 중 하나인 모르핀 같은 진통 작용을 하며 피로와 통증을 완화해주는 역할을 한다. 다시 말해 캡사이신으로 통각 자극을 받은 뇌가 몸이 고통을 느끼는 것을 정상적이지 않은 상태로 판단해 완화하려고 엔도르핀을 분비하는 것이다.

결과적으로 사람들은 매운맛 덕분에 도취감과 함께 잊을 수 없는 쾌감을 맛본다. 이렇게 사람들은 고추의 마성에 사로잡히게 되지만 한꺼번에 너무 많이 먹으면 혈관 수축이 일어나므로 주의해야 한다.

아메리카 대륙에서 전 세계로 퍼져 나간 고추는 그 종류만 해도 150여 가지에 이르는데 매운맛도 제각각이다. 기피물질의 특성상 특히 기온이 높은 지대에서 자란 것이 매운맛이 더 강한 경향을 보인다. 고추는 가루나 소스 형태로 한국 요리, 멕시코 요리, 중국 요리 등에 주로 쓰인다. 이 중 고추장 형태로 만들어 고추를 섭취하는 나라는 한국이 유일하다.

후추보다 100배 강한 매운맛을 내는 고추가 사람을 매혹하는 이유

후추에도 고추와 마찬가지로 매운맛 성분이 들어 있다. 후추가 지닌 피페린(Piperin)이라는 성분이 매운맛을 내는데 고추의 캡사이신과 같은 화학물질로 비슷한 효과를 낸다.

그러나 아무리 고추와 후추가 둘 다 매운맛을 낸다고 해도 고추가 후추로 둔갑할 수는 없는 노릇이다. 한데 어찌 된 일인지 고추에는 후추라는 뜻의 '페퍼'라는 이름이 따라붙었다. 위에서 언급한 콜럼버스의 고뇌와 말재주에 힘입은 바 크지만 그에 못지않게 후추를 향한 유럽인의 열망이 그만큼 강했기 때문이 아닐까.

몇백 년 전, 유럽 사람들은 금과 맞먹는 대단한 가치를 지닌 후추를 귀중품으로 여겼다. 당시에는 후추가 아무나 구하기 힘든 희귀 향신료로 부와 권력을 지닌 소수의 사람만 그 알싸한 매운맛에 빠져들 수 있었기 때문이다.

앞에서도 언급했지만, 매운맛을 낸다는 공통점만 있을 뿐 후추와 고추는 태생적으로 전혀 다른 식물이다. 둘 다 매운맛을 낸다고는 하나 고추의 매운맛과 후추의 매운맛에는 큰 차이가 있다. 고추는 후추가 지닌 매운맛의 무려 100배에 달하는 강력한 매운맛을 낸다.

그처럼 매운맛이 강하다 보니 통각이 발달하지 않은 유럽인들은 고추를 선뜻 받아들일 수 없었다. 반면 향신료 사용에 익숙한 아시아 대륙의 여러 나라 사람들은 순식간에 고추의 마력에 빠져들었다. 고추는 아시아인의 밥상에서 빼놓을 수 없는 중요한 음식 재료로 부상했다. 음식이 매우면 매울수록 우리 몸은 더 많은 양의 엔도르핀을 분비하고 이로써 사람들은 쾌감을 느낀다. 여기에 더해 고추에는 비타민C도 풍부해 여러 질병 예방 및 치료에도 효과가 있다. 그러고 보면 고추가 사람들에게 그토록 사랑받는 것도 어쩌면 당연한 일이 아닐까.

새를 이용해 번식하는 고추의 독특한 진화 전략

고추는 불가사의한 열매다. 왜일까?

식물의 열매가 붉은색을 띠는 이유는 새를 불러들여 열매를 먹게 함으로써 새가 씨앗을 퍼뜨리게 하기 위해서다. 덜 익은 열매는 초록색에 쓴맛을 내고 잘 익은 열매는 붉은색에 단맛을 내는 것도 그래서다. 하지만 고추는 무슨 속셈에서인지 선명한 붉은색을 띠면서도 전혀 달지 않다. 고추라는 기이한 식물은 여기서 그치지 않고 한 번 더 동물의 뒤통수를 친다. 단맛을 내지 않는 정도가 아니라 오히려 동물에게 먹히기를 거부하기라도 하는 듯 먹기 힘든 매운맛을 내기 때문이다. 그 매운맛 때문인지 몰라도 대다수 야생동물은 실제로 고추를 먹지 않는다.

'붉은 열매는 달콤하다.' 이는 자연계에서 식물과 새가 맺은 하나의 약속이다. 그렇다면 인간은 어떨까? 인간도 자연과 붉은색을 단맛으로 인식하도록 약속을 맺었을까? 그렇지 않다. 인간사회에서 붉은색은 주로 매운맛을 나타낸다. 매운맛 열풍을 타고 과자와 라면 등 매운맛을 내는 식품이 한눈에 보기에도 매워 보이는 붉은색 포장을 한 채 마트에서 고객을 기다린다. 인간에게 붉은색은 단맛이 아닌 매운맛을 연상케 하는 색으로 자리 잡았다.

고추는 과연 동물에게 자기 씨앗을 먹고 널리 퍼뜨려달라는 신호를 보내지 않을까? 그렇지 않다. 다른 열매와 마찬가지로 고추도 덜 익었을 때는 초록색을 띠고 다 익으면 붉어진다. 즉, 고추도 그 나름대로 '나를 먹어줘'라는 신호를 보내는 셈이다.

고추는 자신을 먹어달라는 신호를 동물에게 보내지 않는 것이 아니라 단지 상대를 까다롭게 고를 뿐이다. 그 구체적인 예로, 원숭이 같은 포유동물은 매운 고추를 먹지 못하지만 새는 태연하게 앉아 잘 익은 고추를 맛있게 먹어치운다. 실제로 닭에게 새빨갛게 독이 오른 고추를 주면 녀석은 신이 나서 쪼아 먹는다. 새에게는 고추의 매운맛 성분인 캡사이신을 느끼는 수용체가 없기 때문에 매운맛을 느끼지 못한다. 그러므로 어쩌면 새는 매운 고추를 먹으면서 토마토나 딸기를 먹을 때처럼 달콤하다고 느낄지도 모른다.

고추는 씨앗을 퍼뜨려줄 동반자로 포유류 등의 길짐승이 아닌 날짐승을 선택한 식물이다. 하늘을 훨훨 날아다니는 새는 일반적인 동물에 비해 먼 거리를 이동하므로 더 넓고 빠르게 씨앗을 퍼뜨릴 수 있다. 또한 씨앗을 오도독오도독 씹어 먹는 길짐승과 달리 식물 열매를 통째로 삼키는 데다 소화기관도 짧아 씨앗이 소화되지 않고 무사히 몸 밖으로 빠져나온다. 한마디로 고추는 땅에 사는 동물이 기피반응을 보이는 반면 새는 전혀 그렇지 않은 매운맛이라는 절묘한 방어기제를 선택한 셈이다.

고추가 일본보다 한국에서 훨씬 성공적으로 자리 잡은 비결

아시아의 여러 나라에서 사람들은 고추를 다양한 요리에 활용한다. 고추는 비교적 짧은 시간 동안 전 세계적으로 재배하는 보편적인 작물로 자리 잡았다. 실제로 1492년 콜럼버스가 아메리카 대륙을 탐험한 이후 불과 반세기 만에 고추는 지구를 한 바퀴 돌아 극동아시아에서도 재배되기에 이르렀다. 그에 반해 아열대 기후인 인도 남부가 원산지인 후추는 재배 지역이 여전히 제한적이다.

서로 이웃해 있는 한국과 일본은 닮은 점이 많지만 다른 점도 많다. 큰 차이를 보이는 분야 중 하나가 요리인데 특히 매운맛 강도에서 아주 다르다. 김치와 고추장을 비롯해 한국인들은 요리에 고추를 창의적으로 활용한다.

일본에서는 고추를 '도우가라시(唐辛子)'로 지칭한다. '중국에서 들어온 당나라 고추'라는 의미다. 일본인들은 고추를 중국에서 전래한 작물로 인정하는 셈이다. 한국의 경우 고추를 일본에서 들어온 작물로 보는 경향이 있는 것 같다. 실제로 한국의 옛 문헌에는 '왜겨자(倭辛子)'라는 용어가 등장한다. 또 전쟁 중 병사들이 고추를 발가락에 붙였다는 기록도 전해지는데 고추가 지닌 발한 작용을 보온용으로 활용하려는 방편이었다.

그럼에도 불구하고 고추가 한국과 일본에 구체적으로 언제 어떻게 전해졌는지 단정할 수는 없다고 본다. 어느 쪽으로든 이론의 여지 없이 확실히 주장을 뒷받침할 만한 사료나 기록이 남아 있지 않기 때문이다. 요즘 유행하는 옷을 누가 맨 처음 입기 시작했는지 알기 어렵듯 고추도 마찬가지다. 복합적인 상황 속에서

고추는 한국과 일본에 모두 전해졌으나
일본과 달리 한국에서는 매우 성공적으로 자리매김했다.
여기서 한발 더 나아가 한국인들은 이 매운 식물로
'고추 음식문화'를 그야말로 활짝 꽃피웠다.

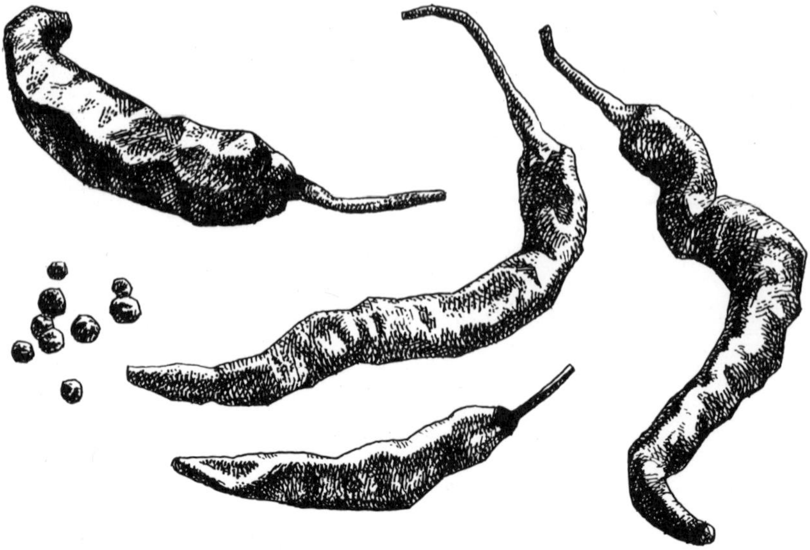

다양한 경로로 들어와 이동하고 자리 잡은 까닭에 정확한 전파 경로를 파악하기는 쉽지 않다. 문화 전파란 원래 그런 것이다.

아무튼 고추는 한국과 일본에 모두 전해졌으나 일본과 달리 한국에서는 매우 성공적으로 자리매김했다. 여기서 한발 더 나아가 한국인들은 이 매운 식물로 '고추 음식문화'를 그야말로 활짝 꽃피웠다.

여기서 한 가지 염두에 두어야 할 것은 한국인의 유별난 고추 사랑이 고추가 전해지기 훨씬 이전인 고려 시대에 채식 위주의 음식문화가 육식 문화로 바뀐 데서 원인을 찾을 수 있다는 점이다. 고려가 육식 문화로 바뀌는 데 원나라, 즉 몽골제국의 직간접적인 영향이 있었다는 점도 흥미롭다. 이 점에 대해 좀 더 자세히 얘기해보자.

고려 시대 말엽, 한반도는 당대의 세계 최강대국 원나라의 간섭을 받았다. 원은 기마민족으로 고기를 즐겨 먹었다. 반면 불교국가였던 고려는 원래 육식을 꺼렸으나 초강대국 원의 간섭을 받으면서 육식이 차츰 뿌리내렸다. 더불어 다양한 육류 요리도 발달했다. 오늘날 불고기와 갈비가 한국 요리의 대명사로 여겨지는 것도 원류를 찾아가다 보면 그 시절까지 거슬러 올라간다.

고려 말 몽골제국의 간섭을 받게 되면서 그 영향으로 채식 문화에서 육식 문화로 바뀌게 된 한반도. 이 땅의 사람들은 유럽인과 마찬가지로 고기를 좀 더 오래, 좀 더 잘 보존하기 위해 적절한 향신료가 필요했을 것이다. 그 과정에 어떤 복합적인 경로로 한반도에 들어온 고추를 만났을 테고, 그 고추는 다른 어떤 작물보다 육류와 궁합이 잘 맞았을 것이다. 톡 쏘는 매운맛을 내는 고추는 향신료로서 육류의 맛을 강화해주고 좀 더 매력적으로 만들어 줄 뿐 아니라 음식, 그중에서도 특히 고기가 빨리 상하지 않게 해주기 때문이다. 대략 이런 과정을 지나며 고추는 한국 요리에서 빼놓을 수 없는 음식 재료로 자리매김했다고 본다.

피망과 파프리카에 스며 있는 '후추'에 대한 향수와 동경

유럽에서 아시아로 전해진 고추는 삽시간에 퍼져 나가 자연스럽게 현지의 식문화로 받아들여졌다. 그러다 보니 유럽인은 종종 고추를 아시아 토종 작물로 착각하는 것 같다. 애초에 이 작물이 아메리카 대륙에서 유럽으로 건너갔다가 다시 아시아 대륙으로 전해지고 또다시 자기네 나라로 들어온 사실을 까맣게 잊어버리는 것이다. 사정이 이렇다 보니 오늘날 아시아에 널리 퍼진 고추는 유럽인에게 아시아를 대표하는 향신료 중 하나로 여겨지기도 한다.

실제로 훗날 아시아에서 돌아온 유럽의 배가 새로운 향신료를 발견했다며 유럽인에게 고추를 소개해 식물도감에 '인도 페퍼(인도 후추)'라는 이름으로 소개되기도 했다. 고추는 아시아의 향신료라는 값비싼 후추를 찾던 유럽인에게 그에 못지않게 매력적이고 귀한 향신료로 인정받기 시작했다. 그 덕분에 고추는 아시아를 거쳐 유럽인에게 차츰 펴져 나갔고 매력적인 향신료로 받아들여졌다.

본래 고추의 매운맛은 유럽인의 혀에 맞지 않는다. 그러다 보니 고추 중에서도 되도록 매운맛이 덜한 품종이 특별히 선택받아 유럽의 각 나라로 전해졌다. 피망과 파프리카가 대표적이다. 식물의 열매는 익으면 붉은색 등 아름답고 강렬한 색을 띠면서 달콤한 맛을 낸다. 그러나 덜 익었을 때는 사람이나 동물이 먹을 수 없을 정도로 쓴맛을 내는 물질을 함유하고 있다. 피망은 인간이 이 쓴맛을 즐기기 위해 재배하는 작물이다. 실제로 덜 익어 초록색이던 피망은 익으면 빨갛게 변하는데 이때 쓴맛이 사라지고 달착지근해진다.

피망의 일종인 파프리카는 보통 완전히 익은 상태로 팔리기 때문에 색도 선명하고 단맛도 낸다. 참고로 파프리카는 헝가리어로 '검은 후추'를 의미하는 단어에서 비롯되었다. 그러고 보면 파프리카에도 후추를 향한 유럽인의 아련한 추억과 동경이 은밀하고도 다채롭게 스며 있는 셈이다.

05

ONION

거대한 피라미드를 떠받친 약효 양파

고대 이집트에서 중요한 채소로 여긴
양파의 원산지는 중앙아시아 건조지대다.
이곳에서 기원한 양파는 해충과 병원균으로부터
우리 몸을 지켜주는 유익한 성분을 다량 함유하고 있다.

양파가 없었다면 피라미드도 없었다?

양파는 인류 역사와 맞먹을 정도로 유서가 깊은 작물이다.

기원전 수십 세기의 사람들이 제작한 피라미드 부조를 유심히 살펴보면 놀라운 것을 발견하게 된다. 피라미드를 건축하는 노동자들이 허리에 양파를 매달고 일하는 장면이 바로 그것이다. 이는 당대의 노동자들이 양파를 일종의 보양식품으로 챙겨 먹었다는 걸 보여준다.

피라미드 건설 노동자들이 일상적으로 챙겨 먹을 정도로 양파에는 몸에 좋은 성분이 많다. 피로를 풀어주고 질병을 예방하는 효과도 뛰어나다. 많은 현대인이 역한 냄새에도 불구하고 양파를 즙으로 만들어 매일 복용하는 것도 그런 효과를 얻기 위해서다. 아무튼 고대 이집트 왕실에서는 피라미드 건설 현장에서 힘들게 일하는 노동자들에게 강장제 역할을 하는 양파를 지급했다고 전해진다. 참고로 예전에는 이집트 왕들이 피라미드를 건설하기 위해 노동자들을 잔인하게 혹사하고 착취했다고 알려졌으나 고고학자와 역사가들의 심층 조사와 연구를 통해 사실이 아님이 밝혀졌다. 최근 연구를 통해 많은 사람이 종교적 이유로 피라미드 건설에 자발적으로 참여했다는 주장이 설득력을 얻는 추세다.

지금까지 발견된 피라미드 중 가장 웅대한 규모를 자랑하는 피라미드는 기자 피라미드다. 이 피라미드는 오랜 세월에 걸쳐 건설된 것이라고 한다. 말하자면 어느 왕이 자기 시대에 수십만 명의 노동력을 한꺼번에 동원하여 집중적으로 건설한 것이 아니라 여러 대의 왕을 거치며 천천히 보완에 보완을 거듭하며 완성한 건축물이라는 얘기다. 그러므로 시간에 쫓길 필요도 없고 노동자들을 거칠게 몰아붙이고 혹사해가며 작업할 필요가 없었다는 얘기이기도 하다. 물론 그렇더라도 피라미드 건설은 워낙 상상을 초월할 만큼 많은 노동력과 고난도 기술이 요구되는 작업이므로 엄청난 수고와 노력이 뒷받침되어야 했을 것이다.

역사에 '만약'은 없다지만 한번 가정해보자. 만약 양파가 없었다면 어땠을까? 양파가 없었다면 어쩌면 고대 이집트인들은 그 웅장하고 위대한 피라미드 건설을 하지 못했을 수도 있지 않았을까?

고대 이집트에서는 노동자들이 보양식으로 활용한 양파를 미

고대 이집트 왕실에서는 피라미드 건설 현장에서
힘들게 일하는 노동자들에게 강장제 역할을 하는
양파를 지급했다고 전해진다.

라 제작에도 활용했다. 가령 미라의 눈구멍과 겨드랑이에 양파를 채워 넣거나 붕대를 감을 때 양파를 끼워 넣었다. 왜 그랬을까? 아마도 양파의 살균 효과와 방부 효과를 활용하기 위해서가 아니었을까 싶다.

고대 이집트인은 사후 영혼과 육체가 분리되어도 육체를 보존하면 부활할 수 있다고 믿었다. 그들이 미라를 만들어 이미 죽은 육체를 오랫동안 보존하려 애쓴 것도 그런 이유에서였다. 그들은 살균 효과와 방부 효과가 있는 양파를 마력이 깃든 작물로 여겼고 산 사람뿐 아니라 죽은 사람에게까지 활력을 불어넣어 준다고 믿었다. 고대 이집트인들이 양파의 효능이 죽은 사람에게까지 미칠 거라고 믿은 데는 많은 사람이 실제로 그 효능을 몸소 체험했기 때문이 아닐까.

양파가 그토록 탁월한 약효를 지니게 된 이유

고대 이집트인들이 그토록 사랑하고 귀히 여겼던 양파의 원산지는 어디일까? 당연히 이집트라고 생각하기 쉽지만 흥미롭게도 양파의 원산지는 이집트가 아니다. 그럼 어디일까? 바로 중앙아시아다.

기원전 5000년 무렵부터 중앙아시아에서 재배하기 시작한 양파는 예수 그리스도가 태어날 무렵에는 이집트를 비롯한 많은 나라에서 재배하고 있었다. 이처럼 양파가 오랜 옛날부터 전 세계의 여러 대륙과 여러 나라에서 재배되고 있는 이유는 탁월한 효능과 함께 뛰어난 보존성 때문이었던 것으로 보인다. 양파는 건조한 환경에 보관해도 품질이 떨어지지 않고 보관이 쉬워 먼 곳까지 쉽게 운송할 수 있었다. 또 우리가 양파에서 먹는 부분은 알뿌리인데, 그 알뿌리를 땅에 심어 재배하면 짧은 시간 내에 많은 양의 양파를 수확할 수 있다는 점도 매력적이었다.

다 자란 생양파는 포도당량이 증가해 단맛이 강해진다. 실제로 눈을 감고 코를 막은 채 양파를 먹으면 사과와 양파를 구별하기 어려울 정도다. 이런 이유에서인지 서양 문학에서는 달고 아삭한 맛을 표현할 때 양파에 비유하기도 한다. 양파는 수분이 전체의 90퍼센트를 차지하고 그 밖에 비타민C, 단백질, 탄수화물, 칼슘 등 영양소가 다량 함유되어 있다. 그런 만큼 콜레스테롤 축적 억제, 염증과 상처 회복, 혈당 조절, 숙취 해소 등에 탁월한 효능을 지니고 있다.

양파는 건조한 환경에서 저장하기 좋은 반면 습기에는 약해서 되도록 바짝 말려두어야 오랫동안 보관할 수 있다. 양파를 밀폐된 자루나 봉투 같은 것이 아닌 투명 망에 담아 바람이 잘 통하는 곳에 매달아 보관하는 이유가 여기에 있다.

유럽인들은 현관 앞에 양파를 매달아두기도 했는데 이는 양파를 일종의 부적으로 사용하여 마녀를 쫓아내고자 하는 의도에서였다. 그들은 아마도 실제로 항균 효과가 있는 양파에 역병을 쫓는 액막이 부적의 효험이 있다고 믿었을 수도 있다. 이는 건조지대에 기원을 둔 양파가 해충과 병원균으로부터 자기 몸을 지키기 위해 다양한 물질을 저장한 덕분이다.

우리가 먹는 양파는 뿌리나 열매가 아닌 '줄기'와 '잎'이라는데?

양파는 영어로 '어니언(Onion)'이다. 이는 '진주'라는 뜻의 라틴어 '유니오(Unio)'에서 유래한 어휘다. 그러고 보면 껍질을 벗겨낸 양파는 마치 진주처럼 새하얗고 아름답다. 또 진주가 여러 층이 겹치면서 영롱한 구슬 모양을 이루듯 양파도 여러 층이 겹쳐져 있다. 그러다 보니 진주를 차용해 이름을 붙였다는 주장이다. 이 밖에 양파의 불가사의한 효능을 보고 진주의 신비로운 분위기를 떠올렸기 때문이라는 주장도 있다.

양파의 둥근 부분을 우리는 '알뿌리'라고 부른다. 그런데 사실 이 부분은 뿌리가 아니다. 그럼 뭘까? 열매? 아니다. 놀랍게도 줄기다. 식물학에서는 양파의 알뿌리를 '비늘줄기(鱗莖, Bulb)'라고 부른다. 이는 비늘 모양으로 생긴 줄기라는 뜻이다.

좀 더 정확히 말하자면 양파는 줄기도 아니다. 뿌리도 열매도 줄기도 아니면 도대체 뭐란 말인가. 우리가 먹는 동그란 양파는 사실 '잎'이다. 양파를 세로 방향으로 반으로 자르면 가장 안쪽에 '심' 같은 게 들어 있는데, 그 부분이 바로 양파의 줄기다. 그 줄기에서 차곡차곡 포개지며 잎이 나온 것이다. 양파는 건조지대에서 살아남기 위해 이 잎 부분을 두툼하게 만들어 영양분을 저장하는 방식으로 진화한 것이다. 그러고 보면 우리가 마트에서 사다 반찬으로 해 먹고 즙을 짜서 먹는 양파는 줄기와 잎으로 구성된 먹을거리인 셈이다.

양파의 친척 작물에는 파와 마늘이 있는데 이들 작물도 양파와 마찬가지로 항균 물질을 함유하고 있다. 그런 터라 예로부터 사람들은 액막이용으로 양파를 사용해왔다. 중세유럽에서 마늘을 드라큘라 퇴치용으로 사용했다는 이야기는 유명하다. 특히 양파는 부패를 방지하는 효과가 뛰어나고 보존성도 좋아서 긴 항해에 나서는 배는 양파를 필수품으로 챙겨 비축해두곤 했다.

06

TEA

세계사를 바꾼 '두 전쟁'의 촉매제 차

신비로운 음료 홍차와 사랑에 빠지는 사람이
늘어날수록 영국은 더 많은 차를
청나라에서 수입해야 했다.
차를 수입하느라 은이 대량 유출되자
영국은 아편을 중국에 내다 파는
천인공노할 해결책을 내놓았다.

진시황제가 불로불사의 약으로 믿었던 식물, 차

진시황제가 늙지도 죽지도 않는 신비한 효과가 있다고 믿고 복용한 약이 있다는 사실을 아는 사람은 의외로 많지 않은 것 같다. 고대 중국 농업의 신 신농은 지천으로 널린 흔한 초목의 약효를 직접 복용하며 시험했다. 그는 치명적인 독에 중독되어 목숨이 위태해질 때마다 '그 약'의 힘으로 몇 번이나 되살아나곤 했단다. 그만큼 그것은 중국에서 가장 오래되고 효능이 뛰어난 약으로 여겨진다.

중국을 통일한 진시황제가 그토록 귀히 여기던 '그 약'을 우리 현대인들은 마음만 먹으면 얼마든지 손에 넣을 수 있고 일상적으로 섭취할 수 있다. 대단한 약효를 지닌 '그 약'은 무엇일까? 신령스러운 그 식물의 정체는 바로 '차'다.

당나라 시대의 어느 시에는 이런 구절이 나온다.

"첫 모금은 목과 입을 넉넉히 적시고, 두 번째 모금은 외로움을 말끔히 녹여주고, 세 번째 모금은 시심을 깨워주고, 네 번째 모금과 다섯 번째 모금은 일상의 불평불만을 깨끗이 씻어내 주고 몸을 정화해준다. 그리고 여섯 번째 모금을 마시면 신선의 경지에서 노닐게 된다."

지금은 어디서든 편의점에서 페트병에 든 녹차를 살 수 있고 중식당에 들어가면 진시황제가 그토록 흠모하던 차를 공짜로 내어준다.

차는 중국 남부가 원산지인 식물이다. 먼 옛날에는 차를 갖고 다니며 마시도록 고형으로 굳힌 병차(餠茶: 찻잎을 틀에 넣고 눌러서 둥근 떡 모양으로 납작하게 만든 것. 일명 떡차) 형태로 만들었다. 이 병차는 단차의 일종으로 필요할 때마다 차 덩어리를 부숴 덖어서 마셨다.

중국에서 차는 원래 불교 사원에서 즐겨 마시던 음료였다. 당나라 시대에는 선(禪) 사상이 유행했는데 사람들은 참선할 때 정신을 맑게 해주는 차를 약으로 마셨다. 이렇게 차를 약으로 마실 때는 덖기보다는 가루로 빻아 그대로 마셨다.

송나라 시대에 들어 차 문화는 찻잎을 빻아 가루로 만들어 뜨거운 물에 타서 마시는 방향으로 발전했다. 찻잎을 빻은 가루를 뜨거운 물에 타서 마시는 차를 '말차'라고 부른다.

송나라가 멸망하며 중국에서 사라진 말차 전통이 일본에서 면면히 이어져 내려온 이유

송나라 시대 일본 승려들은 깨달음을 얻기 위해 중국 사원으로 유학을 떠났다. 중국에서 공부를 마친 승려들이 일본에 돌아올 때 가지고 들어온 것이 몇 가지가 있었는데 그중에는 차 씨앗도 있었다. 그들은 차 씨앗만 가지고 돌아온 것이 아니었다. 그와 함께 당대의 선진적인 중국 차 문화도 함께 들어왔다. 참고로 임제종(臨濟宗)의 개종조 에이사이(栄西)는 『끽차양생기(喫茶養生記)』라는 책을 저술하고 차를 널리 알려 오늘날에도 '차의 시조(茶祖)'로 추앙받는다.

이런 연유로 일본의 사원에서는 중국의 말차를 마시게 되었다. 흥미롭게도 정작 본고장 중국에서는 송나라가 멸망하면서 말차의 맥이 끊기고 말았다.

송의 멸망과 함께 등장한 명나라 초대황제 홍무제(주원장)는 귀족과 부유층의 음료였던 차를 서민에게 널리 전하기 위해 힘썼다. 그는 산차(散茶) 포차법을 보급했는데 수고스럽게 병차로 만드는 작업을 금지하고 찻잎으로 간단히 우려 마시도록 한 조치였다.

사실 이 조치는 단차(병차)를 고집하는 황실과 귀족들의 수탈로 차 농가가 극심한 어려움을 겪자 주원장이 단차 폐지 칙령을 내린 것이었다. 그는 농민을 보호하기 위해 단차 제조를 의뢰한 사람을 사형에 처하기까지 했다. 그 후 다관에 찻잎을 우려낸 다음 작은 찻잔에 나눠 마시는 포차법이 널리 퍼졌다.

조선 시대 후기 선비들도 차를 즐겨 마셨다. 당시 서인과 남인으로 당색이 나뉘긴 했지만 차를 즐기는 전통만은 한결같았다. 벼슬살이할 때는 물론 심지어 귀양살이할 때도 소박하나마 차를 즐겼다. 오늘날에는 많은 사람이 포차법으로 차를 즐긴다.

찻잎을 말린 산차를 널리 보급하려는 홍무제의 노력으로 중국에서 자취를 감춘 말차는 일본으로 건너가 명맥을 유지했다. 일본에서 말차가 인기를 얻은 이유는 '와이사비(불완전함에서 미를 찾는 일본의 전통적 미의식—옮긴이)'라는 일본 특유의 미의식과 절묘하게 맞아떨어졌기 때문이 아닌가 싶다. 아무튼 말차는 일본의 독특한 다도(茶道)문화로 진화하며 자리매김해갔다.

남성을 위한 '커피하우스'가 여성을 위한 '티가든'에 의해 밀려나다

중국 광둥성에서는 茶를 차[cha:]로 발음한다. 이 발음은 일본으로 건너가 차[cha]로 굳어졌다. 힌디어와 몽골어, 러시아어, 페르시아어, 터키어에서는 차를 차이[chai]로 발음한다. 광둥성에서 실크로드 등의 경로를 거쳐 이들 국가에 차가 전해진 것으로 보인다.

중국에서 자취를 감춘 말차는
일본으로 건너가 명맥을 유지했다.
일본에서 말차가 인기를 얻은 이유는
'와이사비'라는 일본 특유의 미의식과
절묘하게 맞아떨어졌기 때문이 아닌가 싶다.

16세기 유럽과 중국 사이에 교역이 활발히 이루어지면서 푸젠성 바닷길로 차를 운송했다. 푸젠성에서는 차를 '테[te]'로 불렀고 이후 유럽에서 '티[ti]'로 바뀌었다.

녹차와 홍차는 같은 식물에서 나온다. 수확한 찻잎은 숙성하면 산화효소 작용으로 산화한다. 이는 사과를 잘랐을 때 단면의 색이 변하는 현상과 같다. 이처럼 숙성 과정을 거쳐 검붉게 물든 잎으로 홍차를 만든다.

반면 수확한 잎을 바로 가열해 산화효소가 활성화하지 못하도록 억제하면 변색하지 않고 푸른색을 유지한다. 이렇게 가열한 잎으로는 녹차를 만든다.

오늘날 중국인들은 녹차를 즐겨 마신다. 그러나 16세기 무렵 그들은 바닷길을 통해 유럽까지 운송하는 과정에 변질하지 않도록 홍차 형태로 제조하여 차를 출하했다. 그렇게 유럽으로 들어간 차는 약효가 뛰어났기에 값이 엄청나게 비쌌다. 그렇다 보니 왕이나 귀족층이 아니면 그 귀중한 음료를 일상적으로 사서 마실 엄두도 낼 수 없었다.

당대의 유럽인에게 차는 동양의 신비한 음료였다. 그러므로 현대인조차 만일 중국이나 일본의 두메산골에서 채취한 약초라는 말을 들으면 귀가 솔깃해질 수밖에 없다.

중국뿐 아니라 일본과도 활발히 교역한 네덜란드인은 일본의 차 문화를 본국에 전했는데 주로 선교사들이 그 전달자 역할을 맡았다. 당시 동양의 진귀한 물건이나 문화를 네덜란드와 유럽에 전한 선교사들은 "차는 신분이 높은 사람들이 격식을 갖춰 격조 있게 마시는 음료"라고 소개했다. 일본의 다도 문화를 그렇게 전한 것이다.

그 무렵 영국에서 명예혁명이 일어나 국왕이 추방당하고 네덜란드에서 윌리엄 3세가 메리 2세와 함께 공동 왕으로 추대되어 영국으로 건너갔다. 왕이자 왕비였던 메리는 네덜란드에서 마시던 차를 영국에 전했다. 그 덕분에 동양에서 신분이 높은 사람들만 마신다고 알려진 차는 영국 상류층 여성들 사이에 급속도로 퍼져 나갔다.

영국 귀족들은 일상생활의 대부분을 집사의 도움을 받아 영위했다. 그러나 그들은 손님에게 차 대접하는 일만은 집사의 도움을 받지 않고 직접 했다. 특히 오후에 차를 마시는 행위는 '애프터눈 티(Afternoon Tea)'라는 우아한 의식의 형태를 갖추었다.

차가 유행하기 전 영국에서는 아라비아반도에서 들여온 커피를 즐겨 마셨다. 당시 거리의 커피하우스는 거의 전적으로 남성 전유물이었다. 그러자 커피하우스에 갈 수 없었던 여성들 사이에 티파티 열풍이 들불처럼 번져 나갔다. 이윽고 커피하우스를 대신해 여성들을 위한 '티가든'이 등장했다. 남녀 간의 만남을 원한 남성들이 티가든에 드나들면서 커피하우스는 차츰 손님이 줄다가 결국 문을 닫게 되었다.

동양에서 신분이 높은 사람들만 마신다고 알려진 차는
영국 상류층 여성들 사이에 급속도로 퍼져 나갔다.
특히 오후에 차를 마시는 행위는 '애프터눈 티'라는
우아한 의식의 형태를 갖추었다.

어느 나라에서든 시대의 흐름을 만들어간 주체는 사실상 여성이 아닌가 싶다.

홍차는 왜 산업혁명 시기 공장 노동자들에게 사랑받았을까

현대 공업화 사회의 문을 활짝 열어 젖힌 것은 18세기에 영국에서 일어난 산업혁명이었다. 앞에서 소개한 대로 이 산업혁명의 실마리 역할을 한 식물 중 하나가 당시 폭발적 인기를 얻었던 목화다.

당시 산업혁명으로 저렴한 의복만 생산한 것은 아니었다. 값싼 의류 제품 못지않게 면직물 같은 고급 제품도 생산했으며 서민층에까지 보급했다. 이런 일은 '기계화'와 '대량 생산'이라는 두 가지 조건의 충족이 이루어졌기에 가능했다. 그 시절 면직물 공급이 수요를 따라가지 못하게 되면서 공장 규모는 점점 더 커졌고 동시에 그곳에서 일하는 노동자 수도 급격히 늘어났다.

사람 수가 일정 수준 이상으로 늘어나면 차츰 하나의 세력을 형성하기 마련이다. 결국 면직물 생산을 맡은 공장 노동자는 새로운 계급으로 부상했는데 그들이 즐겨 마시던 음료가 바로 홍차다.

영국에서는 이질균 등 물을 매개로 한 수인성 질병을 늘 조심

해야 했다. 그런 탓에 공장에서 일하는 노동자들은 물 대신 맥주 같은 알코올음료를 마셨다. 하지만 쉬지 않고 움직이는 기계와 함께 온종일 공장에서 일하는 노동자들이 술에 취해 흐느적거리며 일할 수는 없었다.

그때 그들의 눈에 들어온 것이 바로 홍차였다. 차에는 항균 성분이 들어 있다. 무엇보다 팔팔 끓이지 않은 물로 우려도 수인성 질병을 어느 정도 예방해주는 장점이 있었다. 여기에 더해 카페인이 든 홍차는 졸음을 쫓아내 주고 머리를 맑게 해주었다. 지금도 급한 일이나 시험을 앞두고 잠을 쫓고자 하는 사람들이 기대는 물질 중 하나가 바로 카페인이다.

이처럼 홍차가 노동 효율을 높여준다는 사실이 알려지면서 차는 공장 노동자들에게 크게 사랑받는 음료로 자리매김했다.

'미국 독립전쟁'이라는 화약고에 불을 댕긴 도화선, 홍차

차는 종횡무진 세계 역사의 현장을 누비고 다닌다. 차는 미국 독립 역사에도 등장한다.

그 시절 영국은 식민지 전쟁에서 패권을 놓고 프랑스와 각축전을 벌였다. 전쟁으로 막대한 비용을 감당해야 했던 영국은 식민지에서 세금을 거두어 부족한 금액을 충당하려고 했다.

그 주요 대상 중 하나가 바로 영국에서 미국으로 수출하던 차였다. 본래 네덜란드 식민지였던 아메리카 대륙은 네덜란드의 영향을 받아 상류층 사이에서 홍차가 크게 유행했다. 이후 미국은 영국 식민지가 되었으나 홍차를 마시던 습관은 여전히 그대로 남아 있었다.

1773년 미국인은 세금을 피하려고 네덜란드에서 차를 밀수하는 꼼수를 부렸다. 영국이 미국에 수출하는 차에 무거운 세금을 매긴 탓이었다. 영국은 차 조례 법을 제정하여 미국의 차 밀수를 엄격히 단속했다.

영국의 강압적인 제제에 분노한 미국인들은 차를 운송하던 영국 배를 기습해 차 상자를 빼앗은 뒤 모조리 보스턴항에 던져버렸다. 1773년 12월의 일이었다. 이것이 바로 그 유명한 '보스턴 차 사건'이다. 그때 얼마나 많은 차를 바닷속에 던졌는지 바닷물이 온통 홍차 빛깔로 붉게 물들 정도였다고 한다. 그런 맥락에서 이 사건은 '보스턴 티파티(Boston Tea Party)'라는 이름으로 역사에 기록되었다.

1774년 영국은 미국인의 거센 저항에 보스턴항 폐쇄라는 강경책으로 맞섰다. 이에 미국인의 반감은 더욱더 강해졌고 결국 이듬해인 1775년 독립전쟁이 일어났다.

이런 연유로 영국에 반감이 생긴 미국인은 홍차 대신 커피를

영국의 강압적인 제제에 분노한 미국인은 차를 운송하던
영국 배를 기습해 차 상자를 모조리 보스턴항에 던져버렸다.
1773년 12월의 일이었다.
이것이 바로 그 유명한 '보스턴 차 사건'이다.

마시기 시작했다. 하지만 하루아침에 갑자기 입맛을 바꿀 수는 없는 노릇이라 홍차 맛과 비슷하도록 연하게 볶은 원두로 내린 아메리칸 커피(American Coffee)를 즐겼다. 대개 아메리칸 커피라고 하면 연한 커피를 떠올리는데 실제로는 약하게 배전한 원두로 내린 커피를 의미한다.

오늘날에도 미국은 커피 소비량에서 단연 세계 1위를 차지하는 커피 소비 대국이다. 스타벅스가 상징하듯 미국에서 활짝 꽃피운 커피문화는 보스턴 차 사건을 계기로 식민지 미국이 영국에 맞서면서 촉발된 독립전쟁을 계기로 시작되었다.

독립운동의 주축을 이룬 이들은 어떤 지역 어떤 계층의 사람들이었을까? 그전까지 차를 즐겨 마시던 부유한 미국 북부 사람들이었다. 미국 남부는 산업혁명으로 발달한 영국의 면직물 산업 덕분에 면화 수출로 짭짤한 재미를 보고 있었다. 당시 미국 남부 경제는 영국 없이는 오래 지탱하기 어려운 구조였다. 이에 따라 영국 의존에서 벗어나 경제적 자립을 목표로 하는 북부와 면화 재배를 지속하기 위해 영국과의 유대관계를 강화하고자 했던 남부 사이에 대립의 골이 점점 더 깊어졌다.

그 갈등이 폭발한 사건이 1861년 발발한 남북전쟁이다. 영국에서 홍차를 수입할 수 없었던 미국은 남부지역을 중심으로 자국에서 차를 생산하려 했으나 남북전쟁 때문에 차 재배는 어중간한 시도로 끝나고 말았다.

영국인의 기형적인 홍차 사랑이 낳은 엄청난 비극, 아편전쟁

영국에서 홍차가 대중화되어 귀족을 비롯한 상류층 사람은 물론이고 서민도 즐겨 마시는 음료가 되었다. 그런데도 '차는 동양에서 오는 신비한 음료'라는 인식은 크게 달라지지 않았다. 차가 영국인의 일상생활과 비즈니스의 필수품으로 자리 잡자 수요가 폭발적으로 늘어났다. 그러나 여전히 차는 중국에서 들여와야 하는 수입품이었다.

영국인이 홍차를 사랑하고 즐겨 마실수록 많은 양의 차를 청나라에서 사와야 했다. 그렇게 영국은 차를 사기 위해 엄청난 양의 은을 중국에 쏟아부었다. 그러면서도 정작 청나라 쪽에서는 영국에서 사 올 만한 상품이 별로 없었다. 그 탓에 영국의 부역석자는 눈덩이처럼 불어났다. 돈줄이던 미국마저 독립하자 영국 정부의 주머니 사정은 한층 더 빠듯해졌다. 영국이 '삼각무역'이라는 묘수를 내놓은 것은 바로 그 무렵이었다.

산업혁명으로 공장에서 대량생산한 값싼 면직물을 영국인들은 국내에서 다 소비하지 못하고 인도로 수출했다. 그 영향으로 인도의 전통 면직물 산업이 줄줄이 무너졌다. 영국은 주요 산업이 무너진 인도에서 마약 원료인 양귀비를 재배했고 그것으로 만든 아편을 청나라 상인들에게 팔았다.

이처럼 영국은 인도에서 생산한 아편을 청나라에 팔고 자국에서 생산한 면제품을 인도에 팔아 청나라에서 차를 수입하느라 유출한 은을 회수하는 개념의 삼각무역을 창안했다. 청나라가 즉각적으로 이 무역에 반발한 것은 당연한 일이었다. 결국 아편을 취급하는 영국 상인의 짐을 압수하려는 청나라와 자국 무역 보호를 주장하는 영국 사이에 마찰이 빚어졌다. 이후 상황이 더욱더 악화하여 1840년 아편전쟁이 일어났다.

지금의 논리라면 이것은 애초에 말도 안 되는 일이다. 그러나 그 시절 초강대국 영국은 자국의 이익을 위해서라면 물불을 가리지 않았다. 그 불편한 힘의 논리 앞에서 청나라의 억울한 사연과 하소연은 그저 공허한 메아리로만 남았다.

알다시피 '잠자는 사자'로 불리며 두려움의 대상이던 청나라는 영국군 앞에 속절없이 무너지면서 종이호랑이 신세로 전락했다. 국력을 상실한 청나라는 불평등 조약을 맺고 반식민지 상태에 놓이고 말았다.

아편전쟁으로 대국 청나라가 무너지자 서구 열강들은 아시아 대륙 전체를 식민지화하기 위해 발 빠르게 움직였다. 바야흐로 동아시아는 격동의 시대로 접어들었다. 당시 서구 열강들이 청나라에 원한 것은 비단과 차였는데 정세를 관망하던 일본은 눈치 빠르게 생사와 차 생산에 온 힘을 쏟아부었다. 덕분에 차 수출로 막대한 외화를 벌어들인 일본은 차근차근 근대화의 길을 밟아 나갔다.

인도를 단숨에 세계 제일의 홍차 산지로 탈바꿈시킨 아삼종 차

오늘날 사람들이 즐겨 마시는 홍차 중에는 인도산 홍차가 있다. 인도산 홍차의 경우 다즐링이나 아삼처럼 인도 지명이 그대로 브랜드로 자리 잡은 경우가 많다.

영국은 식민지 인도에서 차 시험 재배에 착수했다. 아편전쟁 이후 중국에 지나치게 의존하던 차 수입 시스템의 안정화와 다변화를 추구한 조치였다. 하지만 처음에 이 일은 뜻대로 되지 않았다. 무엇보다 중국이 원산지인 차를 인도에서 재배하기엔 날씨가 너무 더웠고 그 탓에 잘 자라지 않았다.

그러다가 인도 아삼 지방에서 희망의 싹을 발견했다. 1823년 영국 해군 소령 로버트 브루스(Robert Bruce)가 우연히 인도 아삼 지방에 자생하는 차나무 한 그루를 발견한 것이었다. 세밀한 후속 조사 결과 그 차는 중국산 차와 별개 종으로 드러났다.

차에는 크게 두 종류가 있다. 하나는 중국에서 재배하는 '중국종'이다. 이 차는 한랭지의 기후에 적응해 잎이 작게 진화했다. 중국에서 겨울 추위와 건조를 견디려면 잎을 작고 도톰하게 만들 필요가 있었기 때문이다. 이 중국종은 지금도 중국과 한국, 일본 같은 온대지역에서 재배한다.

다른 한 종은 인도에서 로버트 브루스가 발견한 차로 오늘날

'아삼종'이라는 이름으로 불린다. 아삼종은 인도처럼 무더운 기후에 적응해 잎이 큼직하다. 열대기후처럼 광합성에 유리한 환경에서는 작은 이파리보다 큼직한 이파리가 생산 효율이 높다. 또 열대 지방에는 잎을 먹는 해충이 많은데 잎이 크면 해충이 잎을 다 먹어치우기 어렵다는 점도 아삼종이 잎을 크게 키우는 방향으로 진화한 주요 요인인 것으로 보인다.

중국종과 아삼종은 분류학상으로 같은 종이며 아종으로 구별한다. 아종이란 생물 분류학상 종 바로 아래 단계다. 종으로 독립할 만큼 다르지는 않지만 변종으로 분류하기엔 다른 점이 많고 사는 곳에 차이가 있는 집단으로 인정할 때 사용한다.

중국종과 아삼종의 관계는 쌀의 아종인 자포니카종(단립종)과 인디카종(장립종)의 관계에 비유할 수 있다. 한국과 일본 등지에서는 쌀알이 둥근 자포니카종을 재배하고 흔히 '안남미'라고 부르는 길쭉한 쌀은 동남아 국가에서 주로 재배한다.

열대 지방은 병충해가 많은 편이라 아삼종은 항균작용을 지닌 카페인 함유량이 많다. 녹차는 아미노산의 감칠맛을 즐기는 음료이고 홍차는 카페인의 씁쓸한 맛을 음미하는 음료이므로 아삼종은 홍차에 적합하다.

결국 우여곡절 끝에 영국은 중국에 기대지 않고 홍차를 보급하는 데 성공했다. 이로써 인도는 세계 제일의 홍차 산지로 부상했다. 산업혁명으로 전통 면직물 산업을 잃은 인도는 우여곡절 끝에 차로 경제 부흥을 이끌었다.

진시황제가 흠모했던 차, 세계 역사를 바꾸다

미국 독립전쟁의 방아쇠를 당긴 차에는 과연 전쟁을 일으키게 할 정도로 대단한 마력이 깃들어 있는 걸까? 물론이다. 그 마력의 주인공은 뭘까? 바로 차라는 식물에 들어 있는 카페인 성분이다.

카페인은 알칼로이드라는 독성물질의 일종으로 원래 식물이 곤충과 동물로부터 자기 몸을 지키기 위해 생성하는 기피물질이다. 이 카페인의 화학 구조는 니코틴이나 모르핀과 흡사해 신경을 흥분시키는 작용을 한다. 차를 마시면 잠이 잘 오지 않고 머리가 맑아지는 이유가 여기에 있다. 그러고 보면 독과 약은 종이 한 장 차이가 아닌가 싶다.

비록 약하긴 해도 카페인은 본래 뇌신경에 작용하는 유해물질로 인체는 몸 밖으로 배출하려 애쓴다. 실제로 차를 많이 마시면 화장실을 수시로 드나들게 되는데 이는 카페인이 가진 이뇨 작용 때문이다.

차는 동백과 식물로 외형상 동백나무 잎과 차나무 잎은 서로 닮았다. 그럼에도 불구하고 고대인은 무수히 많은 식물 중에서 찻잎을 용케도 골라냈다. 화학도 발달하지 않았고 변변한 분석

기계도 없던 시절에 경험만으로 카페인을 함유한 잎을 신통하게도 찾아낸 것이다.

카페인은 이름 그대로 Coffee(커피)에서 발견한 물질이다. 커피 원료인 커피나무는 꼭두서닛과 식물로 차와 마찬가지로 카페인을 지니고 있다.

세계 3대 음료이자 공통적으로 카페인을 함유하고 있는 홍차·커피·코코아의 원료는 차나무, 커피나무, 카카오나무다. 진시황제가 그랬듯 사람들은 차를 맨 처음 우려마시기 시작한 이래로 그 매력에 흠뻑 빠져들었다. 차나무에 들어 있는 카페인이라는 일종의 독성분이 동서고금을 통틀어 인류의 마음과 영혼까지 사로잡은 것이었다. 그리고 카페인을 함유한 차는 마침내 인류 역사까지 크게 바꿔놓았다.

07

SUGAR CANE

인류의 재앙
노예무역을 부른
달콤하고 위험한 맛
사탕수수

재배에 손이 많이 가는 작물을 키우기 위해 유럽인은
식민지인들에 눈독을 들였다.
그리고 아프리카에서 신대륙으로 향하는 배에
사탕수수 재배에 투입할 노예를 가득 태웠다.

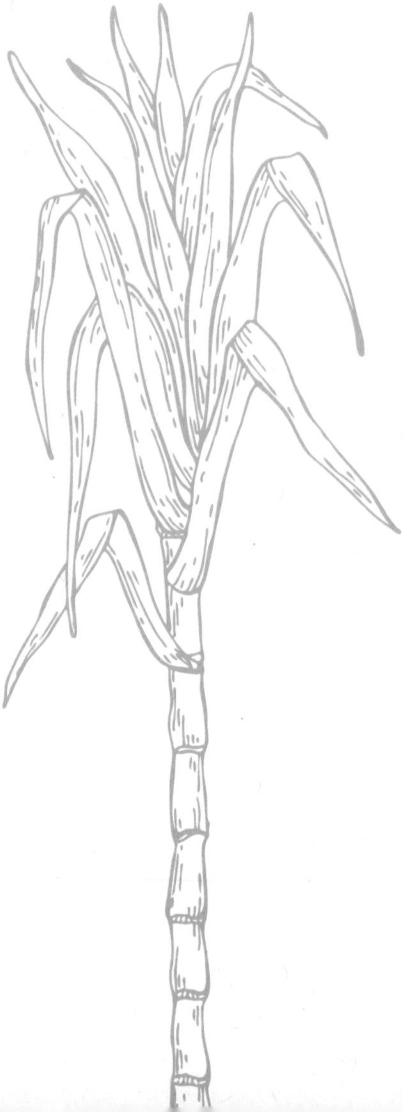

달콤한 맛과 냄새를 찾는 일이 생존과 직결된 문제였던 이유

인간은 단맛을 몹시 사랑한다. 아이들은 달콤한 과자에 열광하고 어른도 이 점에서 별반 다르지 않다. 어른들은 이따금 자신에게 주는 상이라며 달콤한 디저트를 즐기거나 날을 잡아 단맛을 내는 음식을 질리도록 먹는다.

단맛은 '당' 성분으로 우리가 활동하는 데 필요한 에너지를 제공해준다. 과거 인류의 선조는 숲을 보금자리로 삼고 식물의 열매를 먹고 살던 유인원이었다. 식물의 열매는 다 익으면 단맛이 난다. 즉, 단맛은 식물이 익은 맛이다.

숲과 초원을 헤매 다니며 뭔가 먹을거리를 찾아야 했던 유인원은 달착지근한 냄새와 달콤한 맛을 그야말로 귀신같이 골라냈다.

그것이 바로 생존과 직결된 문제였으니 어쩌면 당연한 일이지 않았을까.

인공감미료가 넘쳐나는 21세기 현대사회. 오늘날에는 사람들이 단 음식을 과도하게 섭취해 오히려 심각한 문제가 되고 있다. 그렇지만 자연계의 관점에서 생각해보면 단맛은 위험한 대상이 아니라 반대로 에너지를 효율적으로 섭취할 수 있는 귀중한 식량이다. 인류가 본능적으로 단맛에 환호하는 데는 그런 이유와 맥락이 숨어 있다.

인류는 오랜 세월 초원에서 삶을 이어가며 진화해왔다. 그러다 보니 숲속에서 나는 달콤한 열매를 맛볼 기회가 자연스럽게 줄어들었다. 인류가 최초로 맛본 단맛은 무엇이었을까? 아마도 벌꿀이 아니었을까? 수렵·채집 시대의 인류는 먹을거리를 찾아 헤매고 다니다가 우연히 맛본 벌꿀에서 천상의 기쁨을 경험했을 것이다. 놀랍게도 기원전 2500년 무렵 인류가 이미 벌꿀을 먹었다는 증거가 남아 있다.

농사를 짓기 시작하면서 인류는 곡물에서 추출한 전분을 단맛의 원료로 삼았다. 보리 씨앗에서 싹을 틔운 맥아는 전분을 분해하는 디아스타아제(Diastase) 성분을 다량 함유하고 있다. 이 맥아에 전분을 더하면 전분이 분해되면서 당이 만들어진다. 이렇게 만들어진 물질이 맥아당이다. 옛날 사람들은 맥아당을 조미료로 활용했다.

왕족과 귀족의 입에만 들어가던 호사스러운 사치품, 설탕

설탕은 현대인의 필수품이다. 사탕수수는 현대인의 삶에서 빼놓을 수 없는 설탕의 원료인 식물이다. 사탕수수는 아담한 키를 자랑하는 다른 볏과 식물과 달리 3미터 가까이 성장하며 최대 6미터까지 자라는 키가 매우 큰 작물이다. 사탕수수는 강렬한 태양 아래에서 풍부한 광합성 과정을 거쳐 만든 당을 줄기에 저장한다.

사탕수수는 동남아시아가 원산지인 아열대 식물이다. 사탕수수에서 설탕을 정제하는 기술은 인도인이 개발했다. 기록에 따르면 불교를 창시한 석가모니 고타마 싯다르타도 고행을 마치면 설탕이 들어간 우유죽을 마셨다고 한다.

초창기에 사탕수수는 아열대 지역에서만 재배할 수 있었다. 그런 터라 사탕수수에서 얻은 자당(蔗糖)은 다른 지역 사람들이 손에 넣기 어려운 진귀한 음식 재료였다. 당시는 먹을거리가 넘쳐나는 오늘날과 달리 자칫하면 영양실조로 굶어 죽을 수도 있던 시절이었다.

그런 만큼 꿀이 귀한 약재로 쓰이기도 했다. 지금도 정신노동을 하다가 초콜릿 같은 단맛을 섭취하면 즉각 효과를 느끼듯 과거에 영양실조에 걸린 사람에게 단맛을 내는 꿀을 먹이면 금세 효과가 나타났기 때문이다.

이처럼 설탕은 직접 에너지를 공급해주며 체력을 보충해주는 효험이 있었다. 그런 이유로 사람들은 설탕을 약재로 취급했지만 값이 너무 비싸서 아무나 구할 수 없었다.

설탕은 인도에서 전 세계로 퍼져 나갔는데 유럽에는 십자군 원정을 매개로 전해졌다. 사탕수수로 만든 자당은 일부 왕족과 귀족의 입에만 들어가던 호사스러운 사치품이었다.

인간의 중노동을 먹고 자라는 잔혹한 식물, 사탕수수

사탕수수가 재배되기 전 대부분 농업은 노예를 필요로 하지 않았다. 그러나 사탕수수는 달랐다. 사탕수수를 수확하는 일은 엄청난 강도의 노동을 수반하는 일이었기 때문이다. 기존의 다른 농업에도 어느 정도 중노동이 필요하기는 했다.

벼농사를 예를 들어보자. 논에 벼를 심어 쌀을 생산하자면 모를 심기 전 과정만 해도 땅을 갈아엎어야 하고 갈아엎은 논바닥을 평평하게 고르거나 흙덩이를 잘게 부수어야 했다. 이런 일을 사람이 직접 하려면 엄청난 중노동이 될 것이었다. 그러나 인류는 일찌감치 소와 같은 힘센 가축의 힘을 빌려 쟁기질하고 써레질함으로써 혹독한 노동에서 벗어날 수 있었다.

3미터에 달하는 거대한 식물 사탕수수는 벼와 다르다. 수확할 때 만만치 않은 중노동이 요구되지만 벼농사에서처럼 가축을 동원할 수 없었다. 모종을 심는 일에서부터 기르고 수확하는 일에 이르기까지 모든 과정을 사람의 힘과 노력으로 해내야 했다. 20세기 들어서서 기계를 개발할 때까지 사탕수수 농사에 들어가는 노동력은 고스란히 인력으로 충당해야 했다.

사탕수수 농업은 농사 자체에도 엄청난 노동력이 들어가지만 수확이 끝난 뒤 설탕을 정제하는 과정에도 만만치 않은 노동력이 요구되었다.

사탕수수 줄기 안에는 설탕 성분을 저장한 부분이 있다. 수확하고 나면 줄기 안의 그 부분이 차츰 딱딱하게 굳어간다. 처음에 농부들은 사탕수수 줄기가 굳기 전 신선한 상태에서 가열 과정을 거쳐 추출해야 한다고 생각해 수확한 사탕수수를 다발로 묶어 보관하지 않았다.

그들은 대량의 사탕수수를 한꺼번에 수확해 한 차례 정제 과정을 거쳐 설탕으로 만드는 작업을 했다. 그러자니 사탕수수를 한 번에 수확하기 위해 노동력을 집중적으로 투입해야 했다. 한꺼번에 수확하고 한꺼번에 정제해야 하는 이런 특성 때문에 사탕수수는 쉬엄쉬엄 재배할 수 없는 작물이었다. 여기에 더해 이 녹록지 않은 과정을 수시로 반복해야 했다.

이는 여유롭고 느긋하게 일하며 전원생활을 즐기는 목가적인 농업과는 거리가 먼 생산 방식이다. 이 작업을 효율적으로 진행하기 위해 사람들은 사탕수수밭을 대규모로 조성했다. 무엇보다 수확한 다음 곧바로 정제해야 했기에 다른 작물처럼 시장에 판매하고 난 뒤 가공을 기다릴 여유가 없었다.

결국 사탕수수를 생산과 동시에 정제하는 공장이 세워졌다. 공장이 문을 열자 쉴 새 없이 설탕을 생산하는 일만 남았는데 이 일련의 과정을 '플랜테이션(Plantation)'이라 부른다.

플랜테이션에는 대량의 집중적이고도 지속적인 노동력이 필요했다. 그런 터라 플랜테이션 농장주들은 처음에 전쟁 포로를 사탕수수 농업 및 정제 과정에 투입했다. 그러다가 전쟁 포로로는 엄청난 일손을 감당할 수 없게 되자 점차 노예 노동력으로 대체했다.

풍요로운 서인도 제도까지 침투한 사탕수수 재배 농업

남국의 어느 섬에서 사람들이 유유자적하며 살아가고 있었다. 어느 날 그 섬에 관광차 놀러 온 외국인 사업가가 그 모습을 보고 왜 열심히 일해서 돈 벌 생각을 하지 않느냐고 물었다. 그러자 한 주민이 물었다.

"무엇에 쓰려고 돈을 법니까?"

외국인 사업가가 대답했다.

"풍광이 아름다운 남국의 섬에서 유유자적하며 살려고요."

그 말을 들은 섬 주민들이 환하게 웃으며 말했다.

"우리는 이미 그렇게 살고 있습니다."

흥미로운 이야기가 아닌가!

천혜의 자연환경을 갖춘 지역과 척박한 자연환경을 타고난 지역은 농업이 발달하는 양상 자체가 다르다. 농업은 엄청나게 손이 많이 가는 중노동이 필요하다. 농사를 짓지 않아도 먹고살 걱정이 없다면 굳이 힘들게 고생해가며 농사를 지을 바보는 없다. 같은 맥락에서 먹을거리가 넘쳐나는 남국의 섬에서는 농업이 발달하기 어렵다. 한가롭게 삶을 즐겨도 충분히 먹고살 수 있으니 말이다.

반면 척박한 자연환경의 지역에서는 중노동을 감수하며 고통스럽게 농사를 지어야 한다. 그렇게 하지 않으면 식량을 안정적으로 얻을 수 없기 때문이다. 말 그대로 먹고살자면 힘들더라도 농사를 지어야만 한다. 그런 터라 실제로 척박한 환경을 가진 지역의 사람들은 날마다 뼈 빠지게 일하며 살아간다.

대서양에 있는 서인도제도 섬에는 먹을거리가 풍부하다. 그런데 아이러니하게도 그 풍요로운 섬에서 중노동이 필요한 농업이 성행했다. 그 농업은 바로 사탕수수 재배다.

천혜의 자연환경을 거대한 사탕수수밭으로 바꾼 유럽 강대국의 달콤하고 위험한 욕망

크리스토퍼 콜럼버스는 스페인 이사벨 여왕의 지원을 받아 아메리카 대륙을 탐험했으나 그녀가 간절히 찾고 싶어 했던 후추는 발견하지 못했다. 본래 스페인은 후추로 막대한 부를 축적해 포르투갈 등의 다른 유럽국들을 압도하고 싶은 욕망에 사로잡혀 콜럼버스의 항해를 지원했다. 그러나 스페인은 콜럼버스가 발견한 아메리카 대륙을 탐험하는 정도로는 만족할 수 없었다. 결국 스페인은 서인도제도에서 부를 창출하고자 새로운 경제 활동에 나서기로 했다.

콜럼버스는 아메리카 대륙에서 온갖 진귀한 식물을 유럽으로 전파한 인물이기도 하다. 다른 한편으로 그는 구대륙인 유럽의 식물을 신대륙인 아메리카로 옮겨와 재배하고자 시도하기도 했다. 그는 포르투갈 연안의 마데이라제도(Arquipélago da Madeira)에서 재배하던 사탕수수의 존재를 잘 알고 있었다.

영리한 콜럼버스는 카리브해 섬들의 온난한 기후에 주목하고 기회를 포착했다. 그는 사탕수수를 아메리카 대륙에 들여왔다. 그의 계획대로 그렇게 도입해 재배된 사탕수수는 후추를 대신해 황금알을 낳는 거위로 자라났고 막대한 부를 창출했다. 그런 과정을 거쳐 아메리카 대륙에서 사탕수수를 재배해 대량으로 얻은 설

카리브해 섬들의 온난한 기후에 주목한 콜럼버스는
사탕수수를 아메리카 대륙에 들여왔다.
그의 계획대로 그렇게 도입해 재배된 사탕수수는
후추를 대신해 황금알을 낳는 거위로 자라났고
막대한 부를 창출했다.

탕은 유럽으로 흘러 들어갔다.

사탕수수에서 추출한 설탕은 어디까지나 기호품일 뿐 식량이 아니다. 사탕수수가 없다고 굶어 죽을 일은 없다는 얘기다. 그런데도 돈벌이에 혈안이 된 스페인의 지배를 받게 된 풍요로운 섬은 천혜의 자연환경을 훼손당하며 드넓은 사탕수수밭으로 바뀌고 말았다.

414년간 940만 명의 아프리카 흑인이 사탕수수 농사에 노예로 동원되다

스페인은 아메리카 대륙에서 사탕수수 재배에 큰 성공을 거두었다. 유럽의 여러 나라가 이에 질세라 아메리카 대륙 식민지에서 사탕수수 재배에 나섰다. 그뿐만이 아니었다. 중미에 있는 여러 섬들도 사탕수수 재배에 동원되었다.

유럽의 보리 재배와 목축은 조방농업(자본과 노동력을 적게 들이고 주로 자연력에 의존해 짓는 농업—옮긴이)이라 많은 노동력이 필요하지 않았다. 그러나 사탕수수는 재배와 수확 작업에 막대한 노동력이 필요하고 사탕수수로 설탕을 정제하는 과정에도 만만치 않은 노동력을 투입해야 한다.

처음에 유럽인은 아메리카 대륙의 원주민을 노동력으로 이용했다. 그러나 어느 순간 이에 제동이 걸렸다. 무자비한 침략과 전투로 인해 현지 인구가 지속해서 감소했기 때문이다. 여기에 더해 유럽인의 아메리카 대륙 진출 과정에 옮긴 치명적인 질병이 인구 감소를 더욱 부채질했다.

이 시점에 유럽인은 사탕수수 재배에 필요한 추가 노동력을 어떻게 충당하려 했을까? 그들이 발견한 해법은 또 다른 식민 대륙이었던 아프리카에 있었다.

유럽의 여러 강대국은 아메리카 대륙에서 재배한 사탕수수, 즉 설탕을 수입하고 그 배에 공업제품을 실어 식민지 아프리카로 운송했다. 그리고 아프리카에서는 아메리카 대륙으로 가는 배에 사탕수수 재배에 동원할 흑인 노예들을 실었다.

사탕수수 재배라는 가혹한 노동에 혹사당한 노예들은 줄줄이 목숨을 잃었다. 유럽인은 아프리카에서 끌고 온 흑인 노예들을 소·돼지나 소모품 정도로 여겼다. 그들을 짧은 기간 중노동에 투입한 뒤 노동력을 상실하면 가차 없이 버리고 아프리카에서 새 인력을 끌고 왔다.

유럽인들은 이 노예무역을 사탕수수 재배뿐 아니라 목화 재배 등 공업 원료로 쓰는 작물 생산에 그대로 적용했다. 노예무역이 시작된 1451년부터 노예제가 완전히 폐지된 1865년까지 940만 명에 달하는 엄청난 수의 아프리카인들이 아메리카 대륙으로 끌려와 노예로 비참한 생활을 했다.

노예선

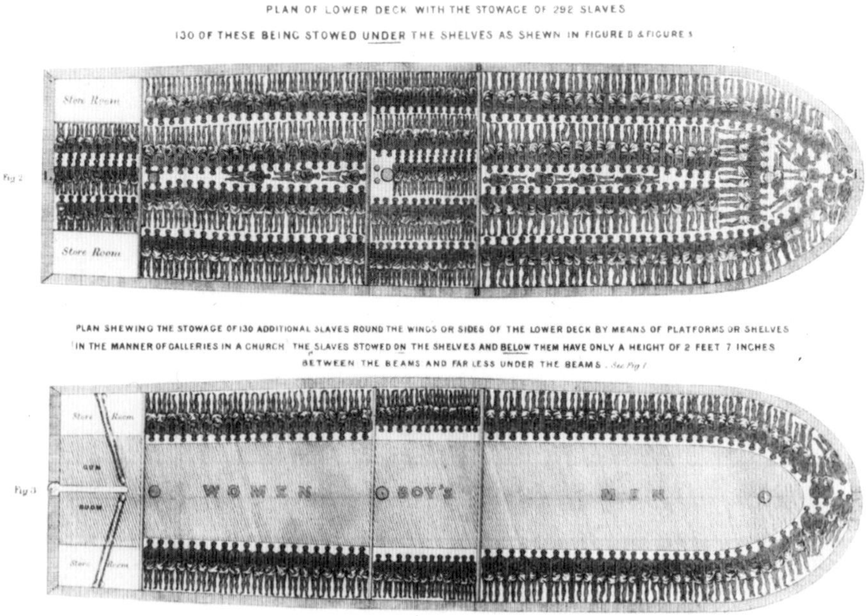

노예무역이 시작된 1451년부터
노예제가 완전히 폐지된 1865년까지 940만 명에 달하는
엄청난 수의 아프리카인들이 아메리카 대륙으로 끌려와
노예로 비참한 생활을 했다.

잔혹한 사탕수수 노예무역은 어떻게 시작되었나

유럽에서 설탕의 가치를 단숨에 크게 높여준 식물이 있다. 바로 차다.

맨 처음 중국에서 유럽으로 차가 전해진 것은 17세기의 일이었다. 차가 들어오자 유럽의 상류계급 사람들은 한 잔의 홍차를 마시는 시간이 주는 행복을 만끽했다. 엘리자베스 애벗(Elizabeth Abbott)에 따르면 홍차에 넣는 설탕 한 조각 때문에 많은 남녀가 고향을 떠나 노예 생활을 강요받는 인류 비극의 역사가 시작되었다. 그의 저서 『설탕: 달콤쌉싸름한 역사(Sugar: A Bittersweet History)』에 나오는 내용이다.

건강에 좋다고 알려진 홍차는 동양 음료로 중국 등 아시아에서는 설탕을 넣지 않았다. 동양인들은 홍차가 지닌 본래의 씁쓸한 맛을 즐긴 것이다. 그러던 것이 유럽에 전해지면서 설탕을 넣어 마시기 시작했다. 이로써 홍차는 기호품의 매력을 갖추게 된 셈이었다.

맨 처음 홍차에 설탕을 넣어 마신 인물은 누구였을까? 역사의 기록으로 남아 있지 않으므로 이에 대해서는 정확히 알 길이 없다. 아무튼 동양의 신비한 음료인 차에 아메리카에서 건너온 설탕을 넣은 홍차는 유럽인 사이에 삽시간에 퍼져 나갔다. 급기야 차에 설탕을 넣어 마시는 습관이 서민층에까지 퍼지면서 설탕 수요는 그야말로 폭발적으로 증가했다.

세계 3대 음료로 꼽히는 홍차, 커피, 코코아는 모두 유럽인에게 이국적인 음료였다. 중추신경을 자극하고 흥분시켜 각성작용을 하는 카페인을 함유한 이들 음료는 강장제로 인기가 높았다. 문제는 카페인이 씁쓸한 맛이 나는 물질이라는 데 있었다. 쓴맛이 나는 카페인이 주요 성분인 음료를 그대로 마시면 당연히 쓴맛이 날 수밖에 없다. 바로 여기에 설탕이 들어가면서 이들 음료는 더욱더 매혹적인 맛으로 변신하게 된 것이었다.

사탕수수 재배 면적이 갈수록 늘어나고 설탕 생산량이 폭증하면서 설탕 구하는 일이 한결 쉬워졌다. 이에 따라 차와 커피에 곁들이는 달콤한 과자와 디저트가 등장했다. 달착지근한 간식의 등장과 발달은 카페인이 들어 있어 쓴맛이 나는 음료를 더욱 매력적인 기호품으로 바꿔놓았다. 결국 설탕은 사치품에서 기호품으로 바뀌었고 사람들은 점점 더 많은 설탕을 원했다.

하와이를 '다민족 공생 사회'로 만든 사탕수수 플랜테이션

동남아시아가 원산지인 사탕수수가 하와이에 전해진 것은 선

노예를 부릴 수 없었던 하와이에는
다양한 민족 사람들이 부나비처럼 모여들었다.
이런 상황 속에서 하와이에는 전 세계적으로도 보기 드물게
다민족 다문화가 공생하는 독특한 사회가 탄생했다.

사시대 이후의 일이었다. 그리고 19세기 들어 유럽에서 건너온 탐험가들이 하와이를 탐험하면서 아메리카 대륙을 거쳐 또다시 사탕수수가 하와이에 들어왔다. 말하자면 동남아시아에서 동쪽으로 돌아 들어온 사탕수수와 아메리카 대륙에서 서쪽으로 돌아 들어온 사탕수수가 오랜 시차를 두고 지구를 한 바퀴 돌아 하와이에서 만난 셈이었다.

그로부터 한참 시간이 지난 뒤 하와이는 미국의 지배하에 들어갔다. 하와이에서 활발하게 이루어진 사탕수수 재배에는 많은 노동력이 필요했다. 당시 미국은 남북전쟁으로 어수선하고 경황없던 터라 아프리카에서 노예를 데려올 여력이 없었던 데다 노예제도 자체를 폐기하려던 참이었다.

앞서 말했듯 따뜻한 남국의 섬에서는 중노동을 하지 않아도 먹고사는 데 지장이 없었다. 그러다 보니 사탕수수가 전해졌어도 하와이 원주민은 중노동을 해야 하는 플랜테이션 농장에서 일하려고 하지 않았다.

그러던 중 1850년대에 중국에서 하와이로 대규모 노동자가 이주했다. 그들은 노예가 아닌 노동자 신분이었다. 그러므로 그들은 시간이 지남에 따라 당당히 임금인상과 노동환경 개선을 요구했다. 그들 중에는 도시로 나와 장사를 시작한 사람도 적지 않았다. 1860년대에 들어 하와이에서는 중국인을 대신할 인력으로 일본인 남성을 모집했다.

이들 역시 하와이에 정착하면서 임금인상을 요구하자 이번에는 필리핀과 한국에서 노동자로 일할 사람을 데려왔다. 그뿐만이 아니었다. 15세기 대항해시대 초기의 최강국으로 위세를 떨쳤던 포르투갈과 스페인에서도 사람들을 모집했다. 여기에 더해 노예해방이 이루어진 미국 본토에서 아프리카계 미국인이 일자리를 찾아 하와이로 건너왔다.

노예를 부릴 수 없었던 하와이에는 이처럼 다양한 민족 사람들이 부나비처럼 모여들었다. 그러자 경쟁 원리에 따라 임금을 삭감하려는 시도도 있었다. 아무튼 이런 상황 속에서 하와이에는 전 세계적으로도 보기 드물게 다민족·다문화가 공생하는 독특한 사회가 탄생했다.

08

COTTON

산업혁명을 일으킨 식물 목화

18세기 후반 값싼 면직물을 원하던 영국 사회에
혁신적 사건이 발생했다. 증기기관 출현으로
작업을 기계화하면서 대량 생산이 가능해진 것이다.
이것이 바로 산업혁명이다.

인류의 의복문화를 혁명적으로 바꾼 새하얗고 부드럽고 독특한 식물, 목화

인류 최초의 의복은 에덴동산에 살던 아담과 하와의 중요 부위를 가려준 나뭇잎이다. 원시인 역시 나뭇잎을 몸에 둘러 의복으로 삼았다. 또 고대인은 풀을 엮고 식물에서 섬유를 추출해 의복을 만들었다.

현대를 살아가는 우리에게 이런 식의 의복은 상당히 원시적인 옷차림으로 보일 것이다. 하지만 따지고 보면 우리가 옷의 원료로 사용하는 화학섬유도 자연에서 얻은 것이므로 궁극적인 차이는 없다고 할 수 있지 않을까. 화학섬유는 지하자원인 석유로 만드는데 만약 석유가 없었다면 어땠을까. 우리 역시 의복 문제를 식물에 의존할 수밖에 없었을 것이다.

실제로 옛날에는 식물을 이용해 다양한 의복을 만들어 입었다. 그 대표적인 식물이 마(麻)로 삼과에 속하는 대마, 아욱과의 어저귀와 황마, 쐐기풀과의 모시풀, 아마과의 아마 등 다양한 식물이 섬유를 짜는 원료로 이용되었다.

그뿐만이 아니다. 옛날식 비옷인 도롱이는 볏짚이나 참억새를 엮어 만들었고 삿갓사초라는 사초과 풀의 잎을 엮어 우산을 만들기도 했다. 일본 옛집에 바닥으로 깔던 다다미 거죽에는 등심초를 돗자리처럼 엮어 덧대었다.

인류의 의복에 쓰인 고급 재료에 비단이 있다. 비단은 누에가 고치를 만들기 위해 뱉어낸 실을 말한다. 누에를 키우는 데 뽕나무 잎이 필요했기 때문에 옛날에는 전국 각지에 뽕나무밭이 많이 있었다.

목화 역시 대표적인 섬유 원료다. 보통의 식물은 줄기를 곧게 세우느라 단단해진 섬유가 원료다. 목화는 이와 전혀 다르다. 이 식물은 씨앗에서, 아니 정확히 말하자면 씨앗을 감싸고 있는 부위에서 섬유를 채취하기 때문이다. 목화는 씨앗을 보호하기 위해 부드러운 섬유로 감싸는데 이 부드러운 섬유가 바로 '목화솜'이다.

인류는 새하얗고 부드럽고 독특한 모양과 기능, 구조를 지닌 식물 목화를 발견하고 재배하기 시작하면서 그야말로 혁명적인 의복문화를 일구어냈다.

동물의 털과 새의 깃털에서 옷감을 구하던 시대

한랭한 초원지대에는 식물이 풍부하지 않다. 그러므로 이런 곳에 사는 사람들은 식물이 아닌 동물 가죽이나 털에서 얻은 재료로 옷을 만들어 입었다.

아주 먼 옛날 원시인들은 동물 가죽을 그대로 몸에 걸치고 다녔다. 그러다가 점점 가볍고 보온성이 뛰어난 동물 털과 새의 깃털을 이용해 옷을 만들어 입었다. 그중에서도 특히 양은 인류에게 매우 훌륭한 의복 재료를 공급해주었다.

양과 염소는 인류가 농사를 짓기 이전부터 길들여 기르기 시작한 것으로 보인다. 사실 염소는 고기와 젖, 가죽을 제공하는 중요한 가축이었다. 특히 양은 환절기에 털갈이하면서 많은 양의 털을 제공했다. 아마도 처음에는 자연스럽게 떨어진 양털을 주워다가 옷을 만들어 입었을 것이다. 양은 지금도 우리에게 귀중한 양털을 제공해준다.

오늘날 양털은 전 세계적으로 많은 나라에서 생산된다. 그중에서도 오스트레일리아, 뉴질랜드, 아르헨티나, 미국은 특히 많은 양의 양털을 생산하는 나라들이다. 놀랍게도 오스트레일리아 한 국가에서 생산하는 양털 양이 전 세계 생산량의 약 3분의 1을 차지한다. 오스트레일리아산 양모는 특히 품질이 좋은 것으로 알려져 있다. 양털은 양의 종류에 따라 부드러운 것에서 광택이 나는 것까지 매우 다양하다.

'양이 주렁주렁 열리는 식물'을 상상한 유럽인

시간이 흐르고 시대가 바뀌면서 중세 유럽인은 그때까지 듣도 보도 못한 신비하고 귀한 식물을 만났다. 그것은 바로 이 장의 주인공 '목화'였다.

목화는 식물학적으로 크게 네 종류로 나뉘는데 그중 두 종류의 원산지가 인도다. 기록에 따르면 인도는 기원전 3000년, 페루는 기원전 2500년경부터 목화를 재배했다고 한다. 이집트도 인도와 페루보다는 늦지만 기원전 500년경부터는 목화를 재배하기 시작했다. 고대 인더스 문명 이후 목화섬유 산업은 인도의 주요 산업으로 자리 잡았다.

면직물을 맨 처음 손에 넣은 중세 유럽인은 신선한 충격을 받았다. 살갗에 닿는 감촉이 포근하고 따뜻한 데다 상당히 가벼우면서도 착용감이 뛰어났기 때문이다. 그들은 목화가 식물이라는 사실을 알고 더욱더 놀랐다.

그때까지 주로 양털 등을 사용한 모직물로 옷을 지어 입던 유럽인 대다수가 '섬유는 마땅히 동물의 털에서 얻는 것'이라고 생각했다. 그러다 보니 유럽인은 양이 과일처럼 주렁주렁 열리는

주로 양털 등을 사용한 모직물로 옷을 지어 입던
유럽인 대다수가 '섬유는 마땅히 동물의 털에서 얻는 것'이라고
생각했다. 그러다 보니 유럽인은 양이 과일처럼
주렁주렁 열리는 식물이 있는 모양이라고 상상했다는
우스운 이야기도 전해 내려온다.

식물이 있는 모양이라고 상상했다는 우스운 이야기도 전해 내려온다. 그들에게 목화는 그 정도로 신비한 식물이었다.

과학자들에 따르면 목화가 처음부터 인간에게 그토록 유용한 솜털을 대량 생산해내는 방식으로 진화한 것은 아니었다고 한다. 그들은 목화가 민들레처럼 씨앗이 바람에 날아가는 방식으로 진화했다가 다시 씨앗이 물에 떠다닐 수 있도록 솜털을 푸짐하게 만들어낸 것으로 추측한다.

목화가 없었다면 산업혁명도 없었다?

현대 공업화 사회는 18세기 영국에서 일어난 산업혁명을 계기로 시작되었다. 그 산업혁명을 불러온 주요 요인 중 하나가 바로 목화라는 식물이다.

무명은 영국에서 선풍적인 인기를 끌었다. 17세기 무렵 영국 동인도회사가 인도 무역을 시작하는 과정의 일이었다. 그즈음 영국 정부는 인도산 무명 수입 금지 조치를 내렸다. 품질이 뛰어난 인도산 무명의 영향으로 영국 모직물 산업이 타격을 입은 탓이었다.

그러나 인도산 무명의 인기는 좀처럼 식지 않았다. 고심하던 영국은 면직물 재료인 목화만 인도에서 수입하고 면직물은 국내에서 생산하는 방식을 채택했다. 이후 영국은 공장제 수공업

(Manufacture)으로 면직물을 생산했다.

무명의 인기는 꾸준히 높아졌다. 급기야 아무리 많이 만들어도 부족한 상황이 벌어졌다. 수요와 비교해 늘 공급이 부족해지자 많은 이들이 어떻게 하면 좀 더 많은 무명을 짤 수 있을지 머리를 맞대고 고민했다. '필요는 발명의 어머니'라고 하지 않던가. 그 무렵 플라잉 셔틀(Flying Shuttle)이라는 단순한 도구가 등장했다.

천은 씨실과 날실을 엇갈려 짜 가는 과정에 완성된다. 천 크기가 커지면 손으로 씨실을 넣는 북을 통과하게 하는 과정 자체가 어려워져 도움의 손길이 필요하다. 그런데 플라잉 셔틀에는 수레바퀴처럼 생긴 롤러가 장착되어 그 사이로 씨실이 빠르게 통과했다. 플라잉 셔틀 발명으로 천을 짜는 과정은 극적으로 효율이 높아졌다.

이런 식으로 직조 작업 효율이 높아졌으나 이번에는 실을 잣는 작업이 따라가지 못했다. 얼마 지나지 않아 실을 잣는 방적기가 등장하면서 작업 효율화가 이루어졌다. 생산 공장 규모도 훨씬 커졌다. 대규모 시설 내부에서는 작업 분업화가 이루어졌고 공장 규모도 갈수록 커졌다.

18세기 후반에 이르자 저렴한 면직물을 원하던 사회에 혁신적인 사건이 일어났다. 석탄을 이용하는 증기기관이 출현하면서 기계화가 실현되고 대형 공장에서 면직물 대량 생산이 가능해진 것이다. 이 일련의 과정이 바로 그 유명한 산업혁명이다.

18세기 후반에 이르자 저렴한 면직물을 원하던 사회에 혁신적인 사건이 일어났다. 석탄을 이용하는 증기기관이 출현하면서 기계화가 실현되고 대형 공장에서 면직물 대량 생산이 가능해진 것이다. 이 일련의 과정이 바로 그 유명한 산업혁명이다.

산업혁명으로 면직물 값이 크게 떨어지자 전통적인 인도 면직물 산업은 가히 괴멸 수준의 타격을 받았다.

흑인 노예를 착취하는 목화 재배와 삼각무역을 통해 부를 일군 신생국가 미국

이 시대에는 대량의 면화가 필요했다. 산업혁명으로 면직물 대량 생산이 가능해진 덕분이었다. 목화는 따뜻한 지방이 원산지로 한랭한 유럽 기후에서는 생산할 수 없었다.

19세기에 들어서면서 영국은 인도에서 생산하는 목화만으로는 면직물 재료를 감당하기 어려웠다. 영국은 필사적으로 새로운 목화 공급지를 찾아 나섰다. 당시 영국에 의해 새로운 목화 생산지로 부상한 지역이 미국이다.

당시 미국에서는 담배 재배가 성행했으나 기호품인 담배는 가격이 불안정했다. 그런 만큼 미국의 입장에서 목화 수요가 많은 영국은 상당히 매력적인 시장이었다. 더구나 신대륙 미국에는 수요에 맞춰 목화를 재배하기에 적합한 드넓은 토지가 있었다.

문제는 목화를 수확하는 일이 수작업으로 이루어져 일손이 부족하다는 데 있었다. 목화씨는 부드러운 섬유가 둘러싸고 있는데 열매에 가시가 돋아 있다. 목화 수확이 고된 노동을 수반하는 중

노동으로 여겨졌던 것도 그래서다.

미국이라는 나라는 땅도 넓고 시장도 풍부하지만 목화를 생산할 인력은 부족했다. 결국 미국은 아프리카로 눈을 돌려 강제로 인력을 충원했다. 신생국가라 노동력이 충분하지 않은 단점을 보완하고자 아프리카에서 흑인을 노예로 끌고 왔다. 미국은 수많은 흑인 노예의 희생으로 영국에 목화를 팔아 경제적으로 풍요로워진 셈이었다.

미국은 대량의 면화를 영국으로 운송했고 영국은 기계로 생산한 면제품과 공업제품을 미국으로 운송했다. 그리고 아프리카에서는 수많은 흑인이 미국으로 끌려가 혹독한 노예 생활을 했다. 배를 화물로 가득 채운 이 무역은 '삼각무역'으로 불렸는데 삼각형 경로로 배가 오갔다고 해서 붙여진 이름이었다.

노예해방에 숨어 있는 링컨 대통령의 교활한 책략

잘 알다시피 미국은 1863년 1월 1일 제16대 대통령 에이브러햄 링컨이 역사에 길이 남을 노예해방을 선언한다. 문득 궁금증이 생긴다. 아프리카에서 수많은 흑인을 강제로 끌고 와서 노예로 삼아 혹독하게 부려먹은 미국은 과연 순수한 의도에서 노예해방을 부르짖은 것일까? 미국 입장에서는 불편한 진실이겠지만 여기에는 자신들의 분명한 이익과 정치적 의도가 숨어 있었다. 다시 말해 당대의 미국인들은 뒤늦게 갑자기 인권의 중요성을 깨달아서 노예를 해방한 것이 아니라 정치적 흐름에 따라 이리저리 흔들리기도 하고 견해를 바꾸기도 하면서 일관되게 자신들의 이익을 추구했을 뿐이다. 미국인들이 얻고자 한 정치적 이익은 어떤 것일까?

그 무렵 목화를 생산하여 영국 등 다른 나라에 수출하던 미국 남부는 급속도로 경제가 발전했다. 한편 공업이 주요 산업이던 북부는 영국에서 수입한 공업제품에 높은 관세를 매기는 보호무역을 시행하기 시작했다. 그런데 보호무역을 시행하면 영국을 비롯한 다른 나라에 목화를 수출해 먹고살던 남부로서는 무척 난감한 상황에 맞닥뜨릴 수밖에 없었다.

수출 의존도가 높았던 미국 남부에 필요한 것은 보호무역이 아니라 자유무역이었다. 이처럼 남부와 북부는 근본적으로 이해관계가 서로 달랐다. 그리고 갈등이 점점 치열해지다가 급기야 남북전쟁이라는 비극적인 상황에까지 내몰렸다.

남북전쟁이 벌어지자 당연하게도 미국에서 영국으로 가던 목화 수출량은 급격히 감소했다. 북군은 남부의 돈줄을 틀어막기 위해 항구를 봉쇄해 수출을 저지했다. 한편 남군은 또 다른 노림수로 자발적으로 목화 수출을 제한했다. 여기에는 치밀한 계산이 숨어 있었다. 어떤 노림수였을까?

미국 남부의 계산은 이런 것이었다. 자신들이 목화를 수출하지 않으면 무엇보다 영국의 입장이 곤란해진다. 옷감 원료인 목화를 제때 공급받지 못한 영국은 문제를 타개하기 위해 남부를 지원한다. 결국 영국의 든든한 지원을 받은 남부는 북군을 물리치고 전쟁에서 승리한다.

남부의 이런 의도를 간파한 링컨 대통령은 '노예해방 선언'이라는 히든카드를 내놓았다. 이는 전쟁 목적이 노예해방에 있음을 나라 안팎에 널리 알려 영국이 남부를 지원하지 못하게 하려는 고도의 전략이 숨어 있는 행위였다. 결국 링컨 대통령의 책략이 성공하여 4년여 동안 이어졌던 남북전쟁은 북군의 승리로 끝을 맺었다.

아랄해를 사라져버리게 만든 중앙아시아의 목화 재배

미국 남북전쟁으로 목화 수급에 차질을 빚은 나라는 영국만이 아니었다. 러시아도 그런 나라 중 하나였다. 러시아 같은 한랭지역에서는 목화솜처럼 따뜻한 섬유가 필수품이다. 남북전쟁으로 목화가 부족해지자 러시아에서는 목화를 직접 재배하려는 움직임이 일어났다. 그때 러시아가 목화 산지로 선정한 곳이 중앙아

링컨 대통령은 '노예해방 선언'이라는
히든카드를 내놓았다. 이는 전쟁 목적이
노예해방에 있음을 나라 안팎에 널리 알려
영국이 남부를 지원하지 못하게 하려는
고도의 전략이 숨어 있는 행위였다.

시아의 투르키스탄이다. 그런 까닭에 지금도 투르키스탄 지역에 해당하는 우즈베키스탄은 전 세계적으로 손꼽히는 목화 생산국이다.

목화 재배 확대와 재배 기술 근대화로 생산량이 늘어나자 이번에는 다른 자원이 부족해졌다. 목화를 재배하려면 많은 양의 물이 필요했는데 물 부족 현상이 발생한 것이다. 러시아는 거대한 호수 아랄해에서 물을 끌어다가 드넓은 목화밭에 공급할 수 있도록 관개시설을 정비했다.

아랄해는 세계 4위 규모를 자랑하는 거대한 호수로 한반도 면적의 4분의 1에 해당하는 어마어마한 규모다. 이 풍부한 물은 건조지대를 서서히 풍요로운 목화밭으로 바꿔놓았다.

그러나 자원은 무한하지 않다. 물은 갈수록 눈에 띄게 줄어들었고 급기야 수위가 내려가면서 거대했던 아랄해는 20세기 초 대아랄해와 소아랄해라는 두 개의 호수로 나뉘고 말았다. 원래 하나였던 아랄해가 둘로 쪼개진 뒤에도 아랄해의 물은 계속 줄어들었고 지금은 언젠가 지도상에서 사라질지도 모르는 심각한 위기에 빠져 있다.

아랄해의 물이 줄어들면서 주위 생태계는 돌이킬 수 없을 만큼 심각하게 파괴되었고 수많은 생물이 멸종했다. 아랄해를 중심으로 어업에 종사하던 지역 주민들 역시 삶의 터전을 잃어버리고 떠나는 바람에 사람이 살지 않는 유령 마을이 속출했다. 물이 줄어들자 바닷물 염분 농도가 높아져서 아랄해는 그야말로 죽음의 호수로 변하고 말았다.

이 모든 처참한 상황이 목화라는 식물 때문에 벌어진 비극이었다. 물론 목화는 죄가 없다. 모든 것이 인간이 저지른 죄이고 재앙일 뿐.

09

WHEAT

씨앗 한 톨에서 문명을 탄생시킨 인큐베이터

볏과 식물·밀

인류는 어느 순간 위대한 발명과 함께
획기적인 전환기를 맞이했다. 돌연변이를 일으킨
한 알의 '밀'을 만나면서 인류는 수렵생활을 버리고
농경생활의 길로 나아갔다.

나무와 풀 중 더 진화한 쪽은?

식물은 크게 나무와 풀로 구분할 수 있다. 나무와 풀 중 좀 더 진화한 형태는 어느 쪽일까? 일단은 나무다. 양치식물에서 종자식물로 진화한 식물은 여기서 진화의 속도를 늦추지 않고 목본식물(Woody Plant. 흔히 '나무'라고 부른다)로 한 단계 더 진화했다.

고대 지구는 식물이 광합성을 하기에 적합한 환경이었다. 주된 이유는 기후가 온난하고 이산화탄소 농도가 높기 때문이었다. 식물은 자라면 자랄수록 다른 경쟁자에 비해 광합성을 하는 데 유리해진다. 다른 식물과의 경쟁에서 유리한 고지를 점한 식물은 햇빛을 마음껏 사냥하며 더욱 거대한 나무로 자랐다. 그리고 그 거대해진 몸집을 유지하기 위해 탄탄한 껍질을 가진 나무로 진화해갔다.

풀이 나무로 자라고 나무가 더 큰 나무로 자라감에 따라 초식 공룡 역시 바뀐 환경에 맞게 자신의 몸을 진화해갈 수밖에 없었다. 훌쩍 키가 커진 나무 위에 매달린 부드러운 잎을 뜯어 먹기 위해 목이 길게 진화한 것이다.

상황이 다시 한 번 근본적으로 달라지기 시작한 것은 공룡 시대가 저물어가던 백악기 무렵에 이르러서였다. 근본적인 변화는 '땅'에서부터 시작되었다. 그때까지 한 덩어리였던 대륙이 여러 개의 대륙으로 갈라지면서 동식물은 각자 생존에 적합한 땅을 찾아 이동하기 시작했다. 땅이 갈라진 곳에는 얕은 내해나 습지대가 생겼고 땅과 땅이 맞물린 곳에는 지각 운동으로 산이 솟아오르는 거대한 변화가 일어났다.

지각 변동으로 지형이 복잡해지자 그 영향으로 기후도 달라지기 시작했다. 이때까지 상당히 안정적이었던 지구 환경에 급격한 변화가 일어났다. 변화에 대응해 극적으로 모습을 바꾼 개체가 바로 '풀'이다. 변화한 환경에 맞닥뜨린 식물은 크고 우람한 '나무'에서 키도 작고 모양도 볼품없는 '풀'로 다시 한 번 진화하는 길을 선택한 것이었다.

식물은 왜 이런 진화의 방향을 선택했을까? 한마디로 말해 살아남기 위해서였다. 무슨 일이 일어날지 알 수 없고 앞날이 보이지 않는 급격한 변화의 시대에 느긋하게 몸집을 불릴 여유가 없기 때문이기도 했다. 식물은 거대한 나무의 외피를 버리고 작달

막한 풀로 자기 변신을 꾀한 것이다.

급격한 지구 환경 변화에 가장 적극적으로 발맞추며 자신의 몸을 효과적이고 효율적으로 진화한 공룡이 있다. 바로 백악기에 등장한 공룡 트리케라톱스(Triceratops)다. 트리케라톱스는 다른 공룡에 비해 목이 짧고 다리도 길지 않은 편이다. 다른 초식공룡들이 목이 길어 큰 나무의 잎사귀를 따먹은 것과는 대조적이다. 재미있게도 트리케라톱스는 커다란 나무 위의 잎사귀 대신 땅에서 자란 키 작은 풀과 꽃을 먹는 방향으로 진화했다.

이처럼 식물 세계에서는 '나무에서 풀로' 진화하는 흥미진진한 변화가 일어났다.

자, 다시 한 번 질문을 던져보자. 나무와 풀 중 좀 더 진화한 형태는 어느 쪽일까? 이번엔 '풀'이라고 답할 수밖에 없다. 영원히 우월한 존재도 영원한 승자도 없는 것이 자연이다. 이런 소중한 이치를 '풀에서 나무로', 다시 '나무에서 풀로' 진화한 식물에서 배운다.

외떡잎식물이 쌍떡잎식물보다 더욱더 진화하고 발달한 형태인 이유

식물의 관점에서 나무가 풀로 진화한 일은 그야말로 극적인 사건이 아닐 수 없다. 이는 물에 살던 물고기가 육지로 올라와 양서류가 되고 포유류로 진화한 뒤 다시 원숭이로 진화한 일 만큼이나 혁명적인 변화다.

아무튼 이 시기에 나무에서 풀로 진화한 첫 번째 식물이 외떡잎식물이다. 이 책을 읽는 독자들은 누구나 학창 시절 과학 시간에 외떡잎식물과 쌍떡잎식물의 차이를 배웠을 것이다. 가장 두드러진 차이를 말하라면 쌍떡잎식물과 달리 외떡잎식물은 '속도에 최적화한 식물'이라는 점을 들 수 있다.

이름만 곱씹어보아도 그 특징을 간파할 수 있는 경우가 많다. 이름 그대로 쌍떡잎식물은 떡잎이 두 장인 데 반해 외떡잎식물은 한 장으로 이루어져 있다. 또 쌍떡잎식물은 줄기 단면에 형성층(부름켜. 부피와 생장이 일어나는 곳)이라는 관다발이 있는데 이는 물관부와 체관부로 이루어진 고리 모양이다. 이와는 반대로 외떡잎식물에는 형성층이 존재하지 않는다. 이처럼 비록 구조는 단순하지만 알고 보면 더욱 진화한 형태는 바로 쌍떡잎식물이 아닌 외떡잎식물이다.

외떡잎식물의 떡잎 한 장은 본래 두 장이던 떡잎이 붙어서 된 것이다. 형성층처럼 견고한 구조를 갖추려면 우선 줄기가 두꺼워져야 하고 식물 자체도 크게 성장해야 한다. 이 과정에 시간이 오래 걸린다. 하지만 속도를 중요시하는 외떡잎식물은 아예 형성층을 만들지 않는다.

이밖에도 외떡잎식물은 잎맥이 평행을 이루고 뿌리가 수염처럼 길게 뻗어 있는 특징을 보인다. 또한 크게 성장하지 않는 초본식물(Herbaceous Plants)의 경우 속도에 비중을 두는 까닭에 직선 구조로 이루어져 있다. 이와 달리 쌍떡잎식물은 크게 성장해도 버틸 수 있도록 탄탄하게 가지가 나뉘는 구조다.

이렇게 외떡잎식물은 속도를 우선시하며 불필요한 곳에 자원을 낭비하지 않는 매우 효율적인 방향으로 진화했다.

초식동물과 '두뇌 싸움'을 벌이는 영리한 볏과 식물

볏과 식물은 외떡잎식물 가운데 진화 수준이 가장 높은 종 중 하나다. 그 맨 처음 식물이 거칠고 메마른 초원에서 탄생하고 성장했다.

나무가 울창한 숲에는 많은 양의 식물을 닥치는 대로 먹어치우는 초식동물이 살지 않는다. 대개 초식동물들은 상대적으로 식물이 적은 초원에서 살아가며 생존을 위해 한정된 식물을 두고 치열한 경쟁과 다툼을 벌인다. 이 과정에 초원은 점점 더 황폐해진다. 다양한 초식동물이 식물 주위로 모여들어 먹어치우는 양이 엄청나기 때문이다. 초원이 황폐해지고 마침내 황무지로 변하고 나면 식물에 의지해 생명을 이어가던 초식동물들의 생존이 위험해진다. 이 지경이 되면 초식동물들은 먹을거리를 찾는 일에 혈안이 될 수밖에 없다. 연쇄작용으로 식물도 생존에 치명적인 위협을 받게 된다.

살아남아 번식하고 싶어 하는 초원의 식물들은 호시탐탐 자신을 먹어치우려 하는 초식동물의 위협을 어떻게 피할까? '독을 이용하기'가 그 대표적인 방법의 하나다. 말 그대로 식물이 자신의 몸속에 독을 만들어 그 독으로 천적인 동물을 물리치는 방법이다. 식물은 어떻게 독을 만들까? 식물이 자기 몸속에 독을 만들려면 독성분의 재료로 쓸 영양분이 있어야 한다.

메마른 초원에서 독성분을 생산할 수 있을 만큼 충분한 영양분을 얻는 일은 쉽지 않다. 또 설령 식물이 애를 써서 독을 만들고 그 독으로 자신을 지키려 해도 천적인 초식동물이 그 독에 대항할 효과적인 수단과 방법을 마련한다면 힘들게 만든 독이 무용지물이 될 위험도 있다.

특이하게도 볏과 식물은 독 대신 유리의 원료인 '규소'라는 단단한 물질을 몸속에 축적해 자신을 지키는 길을 택했다. 이는 대단히 효과적인 방법이다. 두 가지 측면에서 그렇다. 첫째, 규소는 독 이상으로 초식동물을 물리치는 데 효과가 큰 물질이기 때문이다. 둘째, 동물을 퇴치하는 데 도움이 되는 규소가 흙 속에 다량으로 녹아 있는데도 다른 식물들은 이것을 영양분으로 이용하지 않으므로 독점할 수 있기 때문이다.

특이하게도 볏과 식물은 독 대신
유리의 원료인 '규소'라는 단단한 물질을
몸속에 축적해 자신을 지키는 길을 택했다.
이는 대단히 효과적인 방법이다.

볏과 식물은 언제부터 규소를 체내에 축적하기 시작했을까? 식물학자들은 대략 600만 년 전쯤으로 추정한다. 당대의 초식동물들 입장에서 이는 대단히 극적이고 중요한 사건이었다. 볏과 식물의 영리한 진화로 먹이를 구하지 못한 수많은 동물이 죽음을 맞이했기 때문이다. 어떤 학자들은 볏과 식물의 진화로 먹이를 얻지 못한 상당수 초식동물이 이때 멸종했다고 주장할 정도로 역사적인 사건이었다.

볏과 식물의 진화가 일으킨 파장은 여기서 멈추지 않았다. 이때의 진화로 볏과 식물은 초식동물들과 오랫동안 벌인 싸움에서 고질적인 문제를 해결했다. 그 고질적인 문제는 초식동물들이 자신을 뜯어먹을 때마다 자동차의 엔진 혹은 사람의 심장과도 같은 부위인 '성장점'을 잃게 된다는 문제였다.

진화하기 전 볏과 식물은 다른 식물들과 마찬가지로 줄기 끝에 성장점을 가지고 있었다. 식물들은 줄기 끝에 있는 이 성장점에서 새로운 세포를 키우고 차곡차곡 쌓아 올리며 위로 성장해간다. 이런 상황에서는 포식자가 줄기 끝을 먹어치울 경우 식물의 성장과 생존을 담보할 성장점까지 포식자의 뱃속으로 몽땅 삼켜져 버리는 심각한 문제가 발생하고 만다. 이 문제를 볏과 식물은 어떻게 해결했을까?

대단히 현명하게도 볏과 식물은 성장점을 낮은 곳에 만들기 시작했다. 실제로 볏과 식물을 유심히 살펴보면 성장점이 땅바닥에 닿을 듯 말 듯 아슬아슬한 지점에 자리하고 있다는 것을 알게 된다. 이처럼 볏과 식물은 무작정 줄기를 뻗어 나가지 않고 줄기 밑동 부분에 있는 성장점에서부터 시작해 잎을 위로 차근차근 밀어 올린다.

이 방법을 쓰면 포식자가 게걸스럽게 잎을 먹어치워도 성장하는 데 문제가 없다. 포식자는 그저 잎사귀의 끄트머리만 먹을 뿐 핵심인 성장점에는 손상을 입히지 못한다. 다시 한 번 자동차에 비유하자면 교통사고로 자동차 범퍼가 찌그러지고 백미러가 부서질지언정 엔진과 주요 부품에는 손상이 가지 않는 상황과 비슷하다고 할까.

볏과 식물은 왜 자기 잎의 영양분을 스스로 없앴나

성장점을 낮은 곳에 두는 성장 방법에 물론 장점만 있는 것은 아니다. 여기에는 한 가지 중대한 문제가 있다. 밑에서부터 위로 세포를 차곡차곡 쌓아 올리며 성장해가는 방법을 선택할 경우 자유롭게 세포분열하면서 가지를 늘리고 잎을 무성하게 만들 수는 있다. 그러나 문제는 이미 존재하는 잎을 아래에서 위로 밀어 올리기만 할 경우 나중에 잎의 수를 늘려가기 어렵다는 단점이 있다.

볏과 식물은 이 문제를 어떻게 해결했을까? 영리하게도 볏과 식물은 성장점 수 자체를 차근차근 늘려가는 방법을 선택했다. 이 현상을 분얼(Tillering: 밑동의 마디에서 곁눈을 틔워 줄기와 잎을 형성하는 것으로 일종의 가지치기다)이라고 한다.

일반적으로 볏과 식물은 높이 자라지 않고 조금씩 줄기를 늘리며 지면 근처에서 가지를 서서히 확장해간다. 이 가지는 다시 새로운 가지를 늘린다. 이때 지면 부근에 있는 성장점이 차근차근 증식하면서 밀어 올리는 잎의 수가 늘어난다. 결국 볏과 식물은 지면에 가까운 지점에서 잎이 빽빽하게 돋아난 모양의 밑동을 형성한다.

볏과 식물의 노력은 여기서 멈추지 않는다.

벼와 밀, 옥수수 같은 볏과 식물은 인간에게 중요한 식량으로 사용된다. 볏과 식물의 여러 요소 중 인간이 식용으로 삼는 부위는 대개 종자 부분이다. 볏과 식물의 잎은 질겨서 동물이 먹기에 적합하지 않다. 물론 인간이라면 다를 수도 있다. 인간은 불을 쓸 줄 알기 때문에 잎이 아무리 질겨도 먹을거리가 그것밖에 없다면 어떤 식으로든 요리하거나 가공해서 먹으려 할 수도 있다. 아무튼 볏과 식물 잎은 너무 질겨서 인간에게나 다른 동물들에게나 식용으로 적당하지 않다. 더구나 어떻게 해서 꾸역꾸역 먹는다고 해도 제대로 된 영양분을 얻기도 어렵다. 볏과 식물은 포식자가 먹을 수 없도록 잎의 영양분을 아예 없애버렸기 때문이다. 이런 이유로 볏과 식물의 잎을 먹으려는 시도는 대부분 헛수고로 돌아간다.

식물은 궁극적으로 햇빛, 즉 태양에서 영양분을 얻는다. 다시 말해 광합성이라는 작용을 통해 성장에 필요한 양분을 확보한다는 의미다. 그렇다면 볏과 식물은 광합성을 통해 얻은 영양분을 자신의 몸 어느 부위에 저장할까? 지면 부근에 있는 줄기에 저장한다.

이처럼 볏과 식물의 잎은 질기고 소화가 잘되지 않는 데다 영양분도 적어 동물 먹이로 적합하지 않은 방향으로 진화했다.

볏과 식물의 은밀한 공격에 대한 초식동물의 역습

초원을 보금자리 삼아 살아가는 초식동물들은 딜레마에 빠졌다. 왜일까? 초원의 초식동물들은 볏과 식물을 먹지 않으면 생존하기 어려운데 그 볏과 식물이 포식자인 초식동물이 자신을 뜯어먹지 못하게 방해하는 방향으로 진화했기 때문이다.

창과 방패의 싸움이랄까. 이제 볏과 식물의 '공격'을 초원의 초식동물이 막아낼 차례였다. 이 동물들은 볏과 식물의 진화에 맞서서 어떻게 자기 변신을 꾀했을까?

먼저 '위(胃)'에 변화가 일어났다. 이 초식동물들은 진화를 통해 '네 개의 위'를 갖게 되었다. 그 네 개의 위 중에서 인간의 위처럼

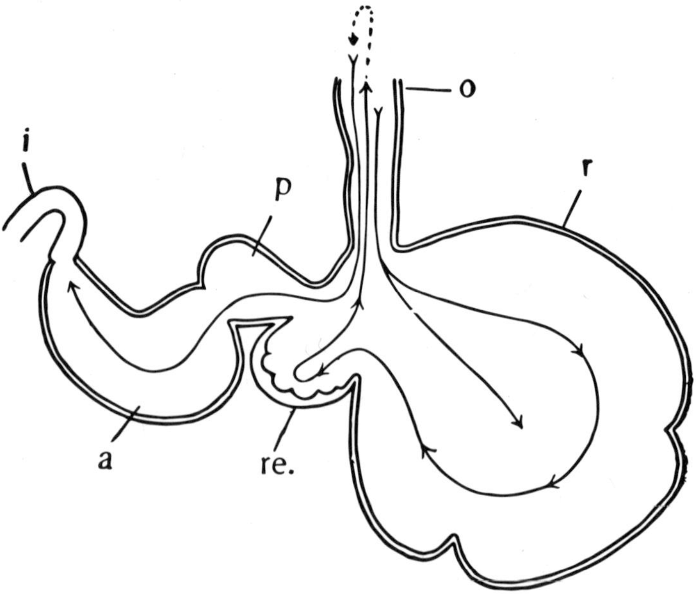

먼저 '위'에 변화가 일어났다.
이 초식동물들은 진화를 통해 '네 개의 위'를 갖게 되었다.
그 네 개의 위 중에서 인간의 위처럼
소화 흡수를 담당하는 기관은 네 번째 위뿐이다.

소화·흡수를 담당하는 기관은 네 번째 위뿐이다. 나머지 세 개의 위는 제각기 다른 역할을 담당한다.

첫 번째 위는 부피가 커서 먹은 풀을 저장하는 데 이용된다. 또 미생물 활동으로 풀을 분해해 영양분을 만드는 '발효조' 역할도 맡는다. 인간이 콩 발효로 영양가가 풍부한 된장이나 청국장을 만들고 청주를 만들 듯 소는 위 속에서 영양이 풍부한 발효식품을 만든다.

두 번째 위는 음식물을 식도로 돌려보내는 일을 담당한다. 초원의 초식동물 중 하나인 소는 위에서 소화한 음식물을 다시 한 번 입으로 보내 씹는 행위인 '되새김질(반추)'을 한다. 소가 풀을 먹은 후 바닥에 배를 깔고 앉아 우물우물 입을 움직이는 것은 되새김질의 전형적인 모습이다.

세 번째 위는 음식물의 양을 조절해 첫 번째 혹은 두 번째 위로 돌려보내거나 네 번째 위로 보낸다. 이처럼 소과 동물은 볏과 식물을 전처리(前處理)하는 과정을 거쳐 잎을 부드럽게 만들고 미생물 발효로 영양분을 생성한다.

반추동물에 소만 있는 것은 아니다. 염소, 양, 사슴, 기린 등도 모두 되새김질로 식물을 소화하는 반추동물이다. 여기서 말은 예외다. 말은 위가 하나밖에 없다. 말은 네 개의 위를 갖는 대신 맹장을 발달시키는 방향으로 진화했다. 그리고 그 진화한 맹장 속에 서식하는 미생물이 식물의 섬유질을 분해한다. 그 덕분에 말은 자신의 몸속에서 스스로 영양분을 만들 수 있게 되었다. 참고로 말처럼 위 대신 맹장을 발달시키는 방향으로 진화한 동물로 토끼를 들 수 있다.

이렇듯 초원의 초식동물들은 온갖 노력으로 질기고 영양이 부족한 볏과 식물을 소화하고 흡수해 영양분을 얻는다. 여기서 짚고 넘어가야 할 재미있는 점 하나. 소, 기린, 사슴 등 볏과 식물을 주로 먹는 초식동물들은 대부분 몸집이 크다. 영양분이 적은 먹이를 먹고 사는 동물이니 상대적으로 몸집이 작아야 이치에 맞지 않을까?

그렇지 않다. 비결은 '내장기관'에 있다. 볏과 식물을 소화하는 데는 네 개의 위나 길게 발달한 맹장처럼 특별한 내장기관이 필수적이다. 더구나 영양분이 적은 볏과 식물에서 필요한 만큼 영양분을 얻으려면 최대한 많이 먹어두어야 한다. 결국 발달한 내장을 몸속에 보유하기 위해서는 그만큼 부피가 큰 몸이 필요할 수밖에 없다.

초기 인류의 식량 문제를 해결한 '돌연변이 밀' 씨앗 한 톨

초식동물들만 초원에서 나고 자란 것은 아니다. 인류 역시 초원에서 탄생했다. 그러나 인류는 초식동물처럼 잎이 질기고 영양가가 낮은 볏과 식물을 식량으로 삼을 수는 없었다. 인류는 모든 동물을 통틀어 유일무이하게 '불'을 사용할 줄 아는 존재지만 그 불로도 볏과 식물의 잎을 먹을 만한 식품으로 바꿀 수는 없었다. 볏과 식물의 잎은 여전히 질겼고 삶거나 구워도 먹고 소화하기에 적당하지 않았기 때문이다.

잎을 먹을 수 없다면 종자, 즉 씨앗을 먹으면 되지 않느냐고? 물론이다. 오늘날 인류의 주요 식량으로 이용되는 밀, 벼, 옥수수 같은 곡물들은 모두 볏과 식물의 씨앗이다. 그러나 인류가 볏과 식물의 씨앗들을 주요 식량으로 활용하게 되기까지의 과정은 절대 녹록하지 않았다.

이유가 뭘까? 그 이유는 바로 '탈립성(脫粒性)' 때문이다. 탈립성이란 식물이 자신의 몸에서 씨앗을 땅에 떨어뜨림으로써 번식 가능성을 높이는 고유의 성질을 말한다. 대다수 야생식물은 씨앗이 여물면 뿔뿔이 흩어지게 한다. 즉, 오늘날 우리가 만나는 식물들은 대부분 탈립성을 지니고 있다. 볏과 식물 역시 마찬가지였다. 씨앗이 여물대로 여물면 남김없이 땅에 떨어져 버리기 때문에 식물의 번식에는 유리할지언정 인류에게 안정적으로 식량을 공급해주지는 못했다.

인류가 볏과 식물을 주요 식량원으로 삼을 수 있게 된 결정적 계기가 우연히 찾아왔다. 놀랍게도 그 해결책을 '돌연변이 밀'이

제공했다.

일립계 밀(Einkorn Wheat)은 석기시대 때부터 인류가 재배해온 작물로 밀의 선조 격으로 받아들여진다. 오랜 옛날 어느 날 우리의 선조 중 누군가가 역사적으로 가장 위대한 발견을 했다. 그것은 바로 씨앗이 땅에 떨어지지 않는 돌연변이를 일으킨 밑동을 발견한 일대 사건이다. 아주 낮은 확률로 씨앗이 떨어지지 않는 '비탈립성'을 지닌 돌연변이가 생겨날 때가 있는데 가물에 콩 날 확률보다 더 낮은 확률로 나타나는 그 돌연변이 밑동을 인류가 운 좋게 발견한 것이다.

씨앗이 여물어도 땅에 떨어지지 않으면 그 식물은 자연계에 자손을 남길 수 없다. 그러므로 탈립성이 없는 특성, 즉 씨앗이 땅에 떨어지지 않는 성질은 식물의 치명적 결함이며 번식을 방해하는 결정적 요인이 된다. 아이러니하게도 식물이 가진 이런 심각한 결함과 악재가 오히려 인류에게는 대단히 큰 호재이자 축복으로 작용했다.

여문 뒤에도 땅에 떨어지지 않는 씨앗은 인간에게 식량이 되어준다. 그리고 씨앗이 떨어지지 않는 작물의 밑동에서 씨앗을 잘 갈무리해 두었다가 심으면 씨앗이 떨어지지 않는 성질을 지닌 밀을 얻는 길이 열린다. 이는 운이 따라준다면 식량을 안정적으로 확보할 수 있게 된다는 의미다.

농업은 그렇게 시작되었다.

농업은 왜 풍요로운 자연환경이 아닌 척박한 환경에서 시작되었을까

생각의 방향을 농업의 기원으로 돌려보자. 농업은 과연 어떤 환경에서 생겨나고 발전했을까? 풍요로운 자연환경에서였을까 아니면 척박한 환경에서였을까? 언뜻 천혜의 조건을 가진 풍요로운 환경에서 농업이 태동했으리라 생각하기 쉽지만 그렇지 않다. 종종 그렇듯 이 경우에도 우리의 통념과 실상은 다르다.

풍요로운 자연환경에서는 농업을 발전시키지 않아도 먹고사는 데 별로 지장이 없다. 숲에서 나는 과일과 바다에서 잡은 물고기가 풍부한 남국의 섬에서는 힘들게 노동하지 않아도 굶주릴 일이 별로 없다. 그러나 농업은 다르다. 농업으로 먹고살자면 고된 노동을 감내해야 한다. 걷기 편한 지름길이 있는데 불편하고 협소한 길을 빙빙 돌아가며 사서 고생하려는 사람은 없지 않을까. 힘들게 농사짓지 않아도 배불리 먹고 마시며 풍족한 생활을 누릴 수 있다면 굳이 땀 흘려가며 농사지을 필요가 어디 있겠는가. 풍요로운 자연환경에서 농업이 발달하기 어려운 것은 바로 이런 이유에서다.

자연환경이 척박한 곳이라면 얘기는 달라진다. 열악한 환경에 먹을거리가 부족한 환경에서는 힘든 노동을 견뎌내며 농사를 지어 식량을 생산하는 수밖에 없다. 이런 환경에서는 먹을거리만 보장된다면 노동은 얼마든지 감수할 만한 가치가 있는 행위로 받아들여진다. 바로 이 노동에 생존 여부가 달려 있기 때문이다.

농업의 발상지는 어디일까? 인류가 본격적으로 농경을 시작한 지역을 메소포타미아로 보는 데 대다수 역사학자가 동의한다. 메소포타미아는 오늘날의 중동지역에 해당한다. 여러분도 알다시피 그곳은 식물이 생장하기 어려운 사막지대다. 그런 척박하기 이를 데 없는 땅에서 인류는 농업을 시작한 것이다. 그러고 보면 인류는 가장 척박한 환경에서 농경을 시작한 셈이다.

당대인들은 어떻게 농사를 지었을까? 풍요로운 환경보다 척박한 환경이 농경에 적합하다고는 해도 풀 한 포기 나지 않는 완전한 사막에서는 농사를 지을 수 없다. 메소포타미아인들은 티그리스·유프라테스 강 주변의 비옥한 '초승달 지대'라고 부르는 곳에서 농업을 탄생시켰다. 그곳은 비록 삼림이 풍부하지는 않아도 사막 한가운데에 비옥한 토지를 보유한 지역이다. 그곳에서 그들은 좀 더 효과적으로 농사짓고 생산량을 늘리기 위해 온 힘을 쏟았다.

고되게 중노동을 해서라도 굶주리지 않고 살 수 있다면 농사일은 충분히 가치 있는 행위다. 고대 인류는 자신을 둘러싼 척박한 자연환경에 굴복하지 않고 당당히 맞서며 농경을 시작하고 식량을 생산하며 생존하고 번성했다. 그리고 농업을 기반으로 찬란한 문명을 이루어냈다. 농업은 그 자체로 척박한 자연환경에 맞서 싸워 승리한 인류의 눈물겨운 투쟁기다.

인류가 볏과 식물을 이용해 살아남는 영리한 전략, 목축

인류는 어떻게 진화했을까? 이에 관해서는 여전히 수수께끼로 남아 있는 부분이 많다. 한 가지 분명한 것은 초기 인류가 초원지대에서 진화를 시작했다는 사실이다. 이에 대해서는 학자들 사이에 별다른 이견이 존재하지 않는다. 오늘날 전문가들은 인류의 기원을 아프리카 동부로 추정한다.

그러면 농업은 어떻게 시작되었을까?

오늘날 지구는 여섯 개의 대륙으로 나뉘어 있는데 오랜 옛날에는 한 덩어리였다고 한다. 그 하나의 대륙이 거대한 지각 변동으로 여러 개의 땅덩이로 갈라진 것이다. 이때 아프리카 대륙은 동서로 나뉘었고 '대지구대'라고 부르는 거대한 협곡도 생겨났다. 축축한 습기를 머금은 적도 서풍이 바로 이 대지구대에 가로막히고 말았다.

이후 대지구대 내부에서 풍요롭던 삼림이 초원으로 탈바꿈하는 기적적인 변화가 일어났다. 적도 서풍이 닿지 않는 대지구대 동쪽에서 건조화가 진행된 덕분이었다. 전문가들은 바로 그 초원의 숲을 누비던 유인원이 인류로 진화했다고 추정한다.

각종 동물과 식물이 한데 어우러져 살아가는 초원은 먹을거리가 부족하다. 이런 환경에서 인류는 몸을 가려줄 변변한 털도 없고 다른 동물들처럼 빠르게 달리지도 못한다. 날카로운 이빨도 없고 나무를 잘 타는 것도 아니다. 생존을 위한 무기를 거의 갖추지 못한 인류에게 초원 생활은 더욱더 힘들 수밖에 없었다. 인류는 그처럼 척박하기 그지없고 비우호적인 환경 조건에서 효과적인 진화를 이뤄낸 것이다.

우리가 잘 알고 있는 대로 숲을 나온 인류는 역경을 극복하면서 다양한 자연환경의 지역으로 광범위하게 퍼져 나갔다. 그 과정에 또다시 기후가 크게 변하면서 건조화와 한랭화가 진행되어 인류는 좀 더 생활환경이 나은 곳을 찾아 강 주위로 모여들었다. 1~2만 년 전 무렵의 일이었다. 인류는 그 냉혹한 환경에서 살아남기 위해 한 가지 생존 기술을 터득했다. 바로 '농업'이다.

가축을 사육하는 목축이 발달한 지역은 농업 발상지인 메소포타미아 지역이다. 목축은 생존을 위한 인류의 영리하고도 영악한 전략이다. 목축에 눈을 뜨기 전 인류는 야생동물을 사냥하여 그 고기로 영양분을 보충하고 목숨을 유지했다. 그러다가 언제부턴가 사냥 대상이던 소나 양, 염소 등의 초식동물을 사육하기 시작했다. 이로써 인류는 언제든 자신이 원할 때 고기를 얻을 수 있게 되었다. 또 동물을 잡는 즉시 죽여 소비하지 않았다. 대신 키우고 번식시켜 젖을 짬으로써 좀 더 효과적으로 영양을 섭취할 수 있게 되었다.

축산업은 볏과 식물의 줄기와 잎을 식량으로 삼기 어려웠던 인간이 초식동물을 사육하며 볏과 식물을 먹이고 그 동물을 식량으로 삼는 현명한 전략이었다.

볏과 식물이 탄수화물을 주 영양원으로 삼은 까닭

인류는 씨앗이 땅에 떨어지지 않는 특성을 지닌 '비탈립성 일립계 밀'을 발견하고 지혜롭게 활용한 덕분에 농경의 길로 나아가는 문을 활짝 열었다.

볏과 식물은 인류가 식량으로 삼기에 적합하다. 왜냐하면 그 씨앗이 자기 몸을 대부분 탄수화물 형태로 저장하는 성질을 지니고 있기 때문이다.

그렇다면 볏과 식물 씨앗은 왜 탄수화물을 대량으로 함유하게 되었을까? 여기에는 그럴 만한 이유가 있다.

씨앗에 들어 있는 탄수화물은 씨앗이 싹을 틔울 때 필요한 에너지를 만들어내는 영양분이다. 물론 씨앗이 오로지 탄수화물만 영양원으로 삼는 것은 아니다. 씨앗은 탄수화물 외에도 단백질과 지질도 영양원으로 삼는다. 이 중 단백질은 식물의 몸체를 만드는 데 필요한 영양분이다. 지질은 탄수화물과 마찬가지로 발아를 위한 에너지원이 된다. 참고로 지질은 탄수화물보다 훨씬 많은 에너지를 만들어내는 특징이 있다.

가령 지질이 풍부해 옥수수기름의 원료로 쓰이는 옥수수는 성장이 빠르고 알갱이가 굵다. 인간에게 유용한 기름을 제공하는 참깨와 유채 씨는 작은 씨앗에 싹을 틔우기 위한 에너지를 알차게 비축하고 있다. 이처럼 많은 식물이 씨앗 속에 탄수화물뿐 아니라 단백질과 지질도 지녔다.

볏과 식물 씨앗은 위에 설명한 옥수수나 참깨, 유채 씨 등과는 다르다. 볏과 식물 씨앗은 단백질과 지질이 적고 대부분 탄수화물로 이루어져 있다. 그렇다면 왜 유독 볏과 식물에만 탄수화물이 많은 걸까?

단백질은 식물의 몸을 만드는 기본적인 영양분이라 씨앗뿐 아니라 부모 식물에도 중요한 식량이다. 또한 많은 에너지를 만들어내는 지질은 그 지질을 만드는 데도 에너지가 필요하다. 결국 단백질과 지질이 풍부한 씨앗을 만들기 위해서는 부모 식물에 영양 면에서 여유가 있어야 한다.

하지만 척박한 환경의 초원에서 살아가는 볏과 식물은 영양 수급 면에서 여유가 없고 빠듯하다. 그런 까닭에 이들은 광합성으로 얻은 탄수화물을 그대로 씨앗에 저장한 뒤 싹을 틔울 때 그 탄수화물을 에너지원으로 사용해 성장하는 소박하고도 현명한 생애주기를 설계했다.

사실 초원에 서식하는 식물은 다른 대형 식물과 경쟁하며 성장할 필요가 없다. 오히려 몸집이 커지면 초식동물의 먹잇감이 되기에 십상이기 때문이다. 그러므로 볏과 식물은 굳이 씨앗에 단백질을 비축하거나 많은 에너지를 만들어내는 지질을 저장해둘 필요가 없었다.

결국 볏과 식물은 씨앗에 탄수화물을 저장하는 방식으로 진화했다. 그리고 그 탄수화물은 인류에게 아주 중요한 식량 자원이 되어주었다. 그동안 무심히 지나쳤던 우리 주위의 식물들이 생존을 위해 치열한 진화 과정을 거치며 살아남은 생물이라는 사실이 놀랍지 않은가. 어쩌면 식물은 지금 이 순간에도 더 오래 살아남고 자손을 좀 더 널리 퍼뜨리기 위해 어떻게 진화해갈지 궁리하고 있는지도 모른다.

탄수화물의 포로가 되어 중노동의 험한 길로 들어서다

볏과 식물이 함유한 탄수화물을 천천히 꼭꼭 씹으면 어떻게 될까? 침의 효소 작용으로 인해 탄수화물이 당(糖)으로 변한다. 인간을 매혹하는 이 단맛은 포만감뿐 아니라 도취감과 행복감도 준다. 이렇다 보니 인류가 곡물의 포로가 되는 것은 어찌 보면 당연한 결과였다.

농업이 인류에게 살아남는 데 필요한 식량을 가져다주는 소중한 수단이 된 것은 분명하다. 하지만 여기에는 중노동이 뒤따른다. 인류는 척박한 환경에서도 안정적으로 식량을 확보하는 이점을 누리는 대가로 힘든 노동을 감내해야 했다.

농업은 인류에게 단지 식량 문제를 해결해주는 차원의 혜택을 넘어 다른 부산물도 챙기게 해주었다. 종자의 활용이 그것이다. 곡물의 씨앗, 즉 종자는 생존을 보장해주고 한발 더 나아가 그 일부를 잘 보관해두었다가 이듬해 봄 땅에 심어 새로운 식량을 생산할 종자로 사용할 수 있다. 수확한 곡물을 식량으로 다 먹어치우지 않고 종자로 쓰기 위해 보관하는 과정에 인류는 완전히 새로운 개념에 눈을 떴다. 그것은 바로 '부(富)의 창출'이다.

인간의 위장은 사람마다 크기가 정해져 있다. 그러므로 한 사람이 한 번에 먹을 수 있는 양에는 한계가 있다. 개인마다 한 끼 식사량에는 차이가 있어서 대식가도 있고 소식가도 있지만 따지고 보면 한 사람이 먹는 양에는 그다지 큰 차이가 없는 셈이다. 아무리 식욕이 왕성한 사람조차 배가 두둑이 차면 그 이상은 먹기 어렵다.

인류가 수렵·채집 생활을 하던 시절을 생각해보자. 만약 어느 날 어떤 사람이 운 좋게 거대한 사냥감을 손에 넣었다면? 그가 아무리 대식가라 해도 그것을 혼자서 몽땅 먹어치울 수는 없다. 그러므로 사냥해서 얻은 고기 따위 식량을 혼자 독차지하겠다고 한껏 욕심을 부려봐야 마땅히 보관할 방법이 없어 결국 썩어 버리게 될 뿐이다.

운 좋게 사냥감을 많이 잡았을 때는 다 못 먹고 썩어서 버릴 바에야 차라리 다른 사람들에게 나눠주고 그들이 많이 잡았을 때 얻어먹는 편이 훨씬 합리적이다. 냉장고가 없던 오랜 옛날에는 식량을 온전히 보존할 방법이 없었기에 다 함께 나눠 먹는 편이 나았다. 그것이 바로 자신이 운이 따르지 않아 식량을 획득하지 못했을 때도 다른 사람을 통해 식량을 얻을 가능성을 높이는 현명한 방법이었다.

인간의 입장에서는 다행스럽게도 식물 씨앗은 좋은 환경에 놓일 때까지 기다리기 위해 식물이 에너지를 비축해둔 곳간이다. 말하자면 일종의 타임머신인 셈이다. 그 덕분에 식물 씨앗은 곧바로 부패하지 않으며 기나긴 잠에 빠져 썩지 않고 생명을 유지한다. 이것이 바로 씨앗의 속성이다.

인류는 씨앗의 이러한 속성을 지혜롭게 활용했다. 인류는 먹고 남은 식물 씨앗을 버리거나 없앨 필요가 없었다. 남은 씨앗은 잘 보관해두었다가 땅에 심으면 곡식으로 자라 머지않은 미래에 확실한 수확을 보장해주었다. 또한 보관, 즉 저장이 가능해지면서 한꺼번에 많은 양을 거둬들여도 상관없었다. 씨앗을 저장할 수 있게 되면서 자신이 가진 식량을 다른 사람에게 나눠줄 수 있게 되었다. 다시 말해 저장한 씨앗은 단순한 식량을 넘어 재산을 의미했으며 분배가 가능한 부로 인정받게 되었다.

인류는 씨앗의 이러한 속성을 지혜롭게 활용했다.
인류는 먹고 남은 식물 씨앗을 버리거나 없앨 필요가 없었다.
남은 씨앗은 잘 보관해두었다가 땅에 심으면 곡식으로 자라
머지않은 미래에 확실한 수확을 보장해주었다.

농사의 시작과 함께 무한경쟁의 쳇바퀴를 돌리는 경주로에 들어선 인류

인간이 섭취할 수 있는 곡물 양에는 한계가 있지만 농업으로 얻은 부에는 한계가 없다. 농사를 짓는 규모가 커지고 수확량이 많아질수록 사람들은 점점 더 많은 부를 축적하게 되었고 그만큼 권력도 강해졌다. 많은 물질을 소유한 자가 그만큼 더 많은 부를 축적하고 거기에 더해 권력과 명예까지 움켜쥐게 되는 것은 어쩌면 이 무렵부터 시작된 현상일 수도 있다.

곡물이 단지 생존을 가능케 하는 걸 훨씬 뛰어넘어 막대한 부를 안겨주기도 한다는 사실을 깨달은 사람들은 점점 더 열광적으로 부를 추구하면서 농사에 열을 올렸다. 이런 식으로 일단 인간의 욕망이 발동하기 시작하면 사태는 돌이킬 수 없는 지경에 이른다.

농업으로 식량을 얻기 위해서는 가혹한 중노동을 감수해야 한다. 농업이 안겨주는 이점에 빠져든 인류에게 농업을 그만두고 수렵·채집·어로로 삶을 영위하는 시절로 돌아가는 선택지는 없어졌다. 바야흐로 인류는 무한경쟁의 쳇바퀴를 돌리는 경주를 시작한 것이다. 이젠 누구도 농사를 그만둘 수 없었다.

인류는 농업을 기반으로 인구를 꾸준히 늘려 '마을'을 만들었다. 마을들이 모이고 점점 더 커져 '국가'를 형성했다. 이 시기에는 부를 소유한 자와 소유하지 못한 자 사이에 커다란 격차가 발생했다. 또한 부를 탐하는 사람들은 더 많은 부를 차지하기 위해 다툼을 벌였다.

이처럼 인류는 농업의 마력으로 제대로 된 인류의 꼴을 갖추게 되었다.

10

RICE

고대 국가의 탄생 기반이 된 작물 벼

16세기 일본은 같은 섬나라인 영국보다
6배 많은 인구를 부양했다.
그 많은 인구를 먹여 살린 것은
논농사 기법과 '벼'라는 작물이다.

벼농사 이전, 토란에서 전분을 섭취했던 고대 일본인

우리(Uri)를 아는가? 수렵·채집 시대 일본 열도에 살던 사람들이 전분을 얻기 위해 섭취했던 식품을 말한다. 언어학자들에 따르면 일본어로 '밤'을 뜻하는 쿠리(Kuri), '호두'를 뜻하는 쿠루미(Kurumi) 모두 Uri에서 유래했다고 한다. '백합 알뿌리'를 뜻하는 유리(Yuri) 역시 Uri에서 유래했는데 실제로 훌륭한 전분질 공급원이다.

고대 일본인은 토란을 주요 먹을거리로 삼았다. 물론 벼농사가 본격적으로 시작되기 전의 일이었다. 토란은 오늘날에도 동남아시아와 미크로네시아, 폴리네시아, 오세아니아 등 태평양 지역 일대에서 널리 주식으로 애용된다. 참고로 중국에서는 토란을 '타로'라고 부른다. 오래전에 타로가 전해진 일본은 타로감자 문화권에 속한다.

일본인은 현대에도 토란을 즐겨 먹는다. 그러나 지금은 반찬을 만드는 데 사용하거나 일종의 간식으로 먹을 뿐 주식 개념으로 먹지는 않는다. 그러나 위에서 언급한 대로 오래전 옛날에는 주식으로 먹었고 그 흔적이 남아 있다. 일례로 일본에서는 설날에 찹쌀로 만든 떡에 토란이 빠지면 왠지 섭섭해하고 중요한 게 빠졌다고 생각하는 지방이 많다.

낫토, 떡, 갈아서 먹는 마, 진액이 묻어나는 버섯 등 모두 일본인이 즐겨 먹는 식품들이다. 모두 끈적끈적한 식감을 가진 식품들이다. 다른 나라 사람들, 특히 서양인이라면 먹기 힘들어할 만한 것들이다. 일본인들은 이 끈적끈적한 식품들을 맛있어하며 잘도 먹는다. 이런 식습관도 토란을 먹던 옛 기억이 무의식에 남아 있기 때문일 수도 있다.

일본 열도에 마침내 토란을 대신할 뛰어난 전분질 공급원이 들어왔다. 그게 뭘까? 바로 벼농사가 시작되면서 얻게 된 '멥쌀'이다.

황허 문명과 창장 문명 사람들, 한정된 토지를 놓고 격돌하다

이 책의 독자라면 '오월동주(吳越同舟)'라는 사자성어의 의미를 잘 이해하고 있을 것이다. 극도로 사이가 나쁜 사람들 혹은 적군과 아군이 같은 공간에 있는 상황을 묘사하는 고사성어다. 이 말의 유래는 중국 춘추시대 오나라와 월나라의 싸움으로 거슬러 올라간다.

춘추시대에 오나라와 월나라는 늘 원수처럼 사이가 나쁘고 으르렁대며 싸웠다. 그러던 어느 날 두 나라의 경계에 있는 강에서 오나라 사람들과 월나라 사람들이 같은 배를 타게 되었다. 배 안에서 그들은 서로 으르렁대며 이내 큰 싸움이라도 벌일 기세였고 분위기가 말할 수 없이 험악해졌다. 그때 갑자기 장대비가 내리고 거센 파도가 몰아쳤다. 그러자 언제 그랬냐는 듯 그들은 모두가 힘을 합해 돛대를 펼쳤고 함께 파도에 맞섰다. 그 덕분에 가까스로 위기를 극복했는데 여기서 유래한 고사성어가 바로 '오월동주'다.

고대 중국에는 세계사에 남을 만한 문명이 두 개나 남아 있다. 하나는 북방에 있는 황허 문명[黃河文明]으로 세계 4대 문명 중 하나이고 다른 하나는 남방의 창장 문명[長江文明]으로 4대 문명에 버금가는 규모를 자랑했던 문명이다. 대두를 처음 재배한 것으로 알려진 황허 문명은 대두와 보리 등을 주로 경작하는 밭농사 위주의 문화를 일군 반면 창장 문명은 벼농사 중심의 문화를 건설했다.

기원전 5세기 무렵, 갑작스럽게 기후가 차갑게 변했다. 이후 북방에 살던 황허 문명 사람들은 농업에 적합한 따뜻한 지역을 찾아 남하했다. 이로써 심각한 문제가 벌어졌다. 북방의 황허 문명 사람들이 더 나은 삶의 터전을 찾아 이주하면서 본래 남방에 살던 창장 문명 사람들과 한정된 토지를 둘러싸고 다툼이 벌어진 것이었다.

기후 변동에 따른 인구 이동은 심대한 변화를 가져왔다. 춘추시대 오나라와 월나라의 지독하고도 끈질긴 싸움으로 이어졌다. 이 과정에 싸움에서 패하는 바람에 산악지대로 피신한 월나라 사람들이 험준한 산속에서 계단식 밭을 경작하며 목숨을 부지해 나갔다.

한편 수렵·채집에 의존해 살면서도 이따금 토란 등을 심어두었다가 때가 되면 뽑아 먹는 수준의 농업을 시작한 고대 일본인은 이후 화전 같은 원시적 농업으로 발전해갔다. 이후 그들은 언제부턴가 외부로부터 좀 더 선진적인 벼농사 기술을 배워 비로소 제대로 된 농경이라 부를 만한 농업을 본격적으로 시작했다.

당대의 일본 역시 오늘날과 마찬가지로 삶의 질이나 경제적 수준 면에서 지역적 편차가 컸다. 동일본은 풍요로운 낙엽수림이 펼쳐져 인구를 부양할 식량이 충분했던 반면 서일본은 환경이 척박해서 늘 식량이 부족했다. 메소포타미아 문명의 경우처럼 벼농사가 급속히 퍼져 나간 지역은 풍요로운 동일본이 아닌 척박한 서일본이었다.

농업의 역사는 유구하다. 달팽이처럼 느리지만 멈추거나 후퇴하지 않고 착실히 나아가며 어느 순간 확실한 대세로 자리 잡았다. 농업의 역사를 더듬어 살피다 보면 문득 한 가지 의문이 들곤 한다. '왜 자연환경이 풍요롭고 식량이 넉넉한 지역에서도 중노동이 필요한 농업을 받아들인 걸까?' 농업이 단순히 식량을 얻기 위한 행위나 노력만은 아니었다는 말로 어느 정도 설명할 수 있지 않을까.

자연이 내주는 것을 받아먹는 식의 수렵·채집 생활을 하는 세계에서는 빈부 격차가 발생하기 어렵다. 설령 어떤 사람이 한꺼번에 많은 사냥감을 잡는다 해도 한 사람이 한 번에 먹을 수 있는 양에는 한계가 있기 때문이다. 그런 터라 다 소비하지 못하고 남는 것은 저장하기 어려우므로 주위 사람들에게 나눠줄 수밖에 없었을 것이다.

이와는 달리 농업으로 얻은 곡물은 혼자 다 먹지 못한다 해도 얼마든지 저장해두었다가 필요할 때 꺼내어 먹을 수 있다. 여기서 주목할 점은 저장이 가능한 식량은 곧바로 '부'의 창출로 이어진다는 사실이다. 그렇게 농업으로 부를 축적한 사람이 나타나면서 빈부 격차가 발생하고 심해졌다. 부를 축적한 사람은 권력을 손아귀에 넣었고 자신을 따르는 사람들을 모아 국가와 같은 정치

체제를 형성했다.

부와 권력을 보장해주는 농사를 제대로 짓기 위해서는 논과 밭으로 물을 끌어오는 관개 시설과 농경에 필요한 각종 도구가 필수적이다. 사람들이 그 필요에 적극적으로 대응하면서 다양한 기술이 차츰 발전하기 시작했다. 그리고 여기서 한발 더 나아가 이들 기술은 전쟁을 위한 요새를 짓고 무기를 만드는 기술의 밑바탕이 되었다.

실제로 벼농사는 쌀 수확은 물론 청동기·철기 등 석기와는 비교하기조차 어려운 최신 기술 혁명을 불러왔다. 그 최신 기술이 대다수 사람의 마음을 사로잡으면서 벼농사를 거부감 없이 받아들였을 가능성이 크다.

벼농사에 사용한 토목 기술과 철기를 전쟁에 효과적으로 활용할 경우 이는 곧바로 군사력으로 바뀐다. 그러므로 당대에 벼농사를 지은 집단은 벼농사를 짓지 않은 집단을 무력 면에서 압도했을 것이다.

당장 급한 대로 배를 채우는 용도로만 의미가 있는 식량과 달리 축적한 '부'로서의 식량은 저장도 가능하고 서로 빼앗거나 빼앗길 수도 있다. 실제로 인류사에는 뺏고 빼앗기는 전쟁이 무수히 존재해왔다. 오늘날도 마찬가지다. 곳곳에서 사람들이 '부'를 빼앗거나 빼앗기지 않기 위해 전쟁을 벌인다.

세계가 크게 변화하는 갈림길에서 농업의 길로 나아간 인류는 개인과 집단이 서로 치열하게 경쟁하는 과정 속에서 기술을 갈고 닦았다. 또 그들은 자신이 사는 지역의 힘을 강화해 국가의 기반을 닦았다. 이런 과정을 거쳐 농업은 '부'를 축적했는데 그 부는 강한 국가가 탄생하는 기반이 되었다. 부를 손에 넣고 뛰어난 기술을 갖춘 초기 농경민족은 아직 수렵·채집 단계에 머물러 있는 민족을 압박하고 수탈했다.

인류 초기 농민들은 왜 밀이나 보리가 아닌 벼를 재배했을까

벼의 원산지는 동남아시아다. 오늘날 쌀은 동양인의 주식이며 종교 의례나 계절 행사와도 밀접한 관련이 있다. 현대사회에서도 여전히 달력에 농사와 관련해 구분한 절기가 표시되며 사람들은 대체로 이 절기를 의식하고 지키며 살아간다.

벼는 동남아시아 등지에서 활발하게 재배하는 몇 가지 작물 중 하나다. 물론 먹을거리가 풍부한 열대지역에 사는 사람들은 벼 재배의 필요성과 중요성을 별로 느끼지 않는다.

인류 초기 농민들은 왜 보리나 밀 등 다른 작물이 아닌 벼를 재배했을까? 무엇보다 벼가 보리나 밀 등 다른 작물에 비해 생산성이 뛰어나기 때문이었다. 볍씨 한 톨로 700~1,000톨의 쌀을 얻을 수 있는데 이를 다른 작물과 비교해보면 경이로울 정도로 대단한 생산력이다.

구체적으로 생산량의 차이를 비교해보자. 15세기 유럽에서 밀을 뿌려 수확한 양은 종자 대비 3~5배 정도에 불과했다. 반면 벼는 17세기 무렵 종자 대비 20~30배의 수확을 올렸을 정도로 생산성이 뛰어났다. 오늘날에도 벼는 종자 대비 120~140배의 수확량을 얻지만 밀은 20배 정도의 수확량밖에 얻지 못한다.

영양학적으로도 가치가 뛰어난 쌀은 탄수화물뿐 아니라 양질의 단백질을 풍부하게 함유하고 있다. 여기에 더해 비타민과 미네랄도 풍부해 영양 면에서 균형 잡힌 식품으로 인정받는다. 어쨌든 생존의 관점에서 생각해볼 때 쌀만 먹을 수 있다면 목숨을 보전할 수 있다.

쌀에 유일하게 부족한 영양소는 염기성 아미노산의 일종인 라이신(Lysine)이다. 그런데 쌀에 부족한 이 라이신을 풍부하게 함유한 식품이 바로 대두다. 결국 쌀과 콩을 섞어 먹으면 완전한 영양식을 섭취할 수 있다. 그런 의미에서 밥에 된장국을 곁들이는 전통 상차림은 영양학적으로 타당한 근거가 있다.

빵과 파스타의 원료인 밀은 쌀만큼 영양학적으로 균형 잡힌 식품이 아니다. 밀만으로는 단백질이 부족해 따로 육류를 섭취해야 한다. 이에 따라 밀가루는 주식이 아닌 여러 재료 중 하나로 자리 잡았다.

인류 초기 농민들은 왜 보리나 밀 등 다른 작물이
아닌 벼를 재배했을까? 무엇보다 벼가 보리나 밀 등
다른 작물에 비해 생산성이 뛰어나기 때문이었다.

아시아가 벼농사에 가장 적합한 대륙이 된 이유

아시아는 벼농사에 적합한 천혜의 조건을 갖추고 있다. 벼를 재배하는 데는 많은 물이 필요한데 다행히도 아시아에는 연중 많은 양의 비가 내린다. 물론 아시아에 물 부족 현상이 전혀 없는 것은 아니지만 건조지대나 사막지대에 비하면 그래도 수자원이 풍부한 편이다.

아시아 남쪽의 인도부터 동남아시아, 중국, 한국, 일본에 걸친 지역은 몬순(Monsoon: 계절풍)의 영향을 받아 비가 많이 내린다. 좀 더 구체적으로 인도, 스리랑카, 인도차이나반도, 인도네시아, 필리핀을 비롯해 중국 동부·한반도·일본 지역을 통틀어 몬순 아시아라고 부른다.

5월 무렵 아시아 대륙이 따뜻해지고 저기압이 발생하면 인도양 상공의 고기압 영향으로 대륙을 향해 바람이 부는데 이것이 바로 몬순이다. 몬순이 대륙의 히말라야산맥에 부딪히면 진로를 동쪽으로 변경한다. 이때 습기를 머금은 축축한 바람이 비를 몰고 오면서 아시아 각 나라는 우기에 접어든다. 몬순의 영향으로 형성된 고온다습한 아시아의 여름 기후는 벼를 재배하기에 적합하다.

일본의 경우 겨울에 대륙에서 불어오는 북서풍도 벼 재배에 도움을 준다. 대륙에서 불어오는 바람이 산맥에 부딪혀 구름이 형성되면서 많은 양의 눈이 내리기 때문이다. 눈 자체가 식물의 생장에 적합한 것은 아니지만 봄이 오면 눈이 녹은 물이 강으로 흘러들어 대지를 적셔준다. 이러한 기후 덕택에 일본은 수자원이 풍부하다.

'논의 발명'으로 벼농사를 완성하다

비가 많이 내리는 지역이라고 해서 무조건 벼농사가 잘된다는 법은 없다. 벼를 재배하려면 물을 저장해둘 만한 공간, 즉 논을 만들어야 하는데 논 만들기가 말처럼 그리 간단한 작업이 아니기 때문이다.

일테면 산비탈이 급경사를 이루는 지형에서는 소나기가 내리고 난 뒤 산에 내린 비가 한꺼번에 평야로 흘러들면서 여기저기 크고 작은 수해를 일으킨다. 그로 인해 평야 지대에 사람이 살 수 없는 습지대가 형성되기도 한다. 반대로 고지대에 사는 농부는 빗물이 한꺼번에 흘러가버리는 바람에 논에 댈 물을 확보하기조차 어려워진다. 비가 많이 내려도 실제로 논을 만들고 벼를 재배하는 일은 녹록하지 않다.

논을 만들려면 어떻게 해야 할까? 우선 산에서 흐르는 물을 끌어와 물길을 만들고 논 곳곳에 물길이 두루 미치도록 물을 대야 아시아는 벼농사에 적합한 천혜의 조건을 갖추고 있다.
벼를 재배하는 데는 많은 물이 필요한데
다행히도 아시아에는 비가 많이 내린다.
물론 아시아에 물 부족 현상이 전혀 없는 것은 아니지만
건조지대나 사막지대에 비하면 수자원이 풍부한 편이다.

한다. 그런 다음 큰 강에서 작은 개울로 물을 끌어오고 작은 개울에서 논으로 물을 끌어와 논에 물을 채워야 한다. 그러면 산에 내린 비가 삽시간에 바다로 가지 않고 지면을 적시면서 천천히 흘러간다.

사람들은 그야말로 엄청난 노력과 시간을 들여 강의 범람원을 마침내 논으로 바꿔놓았다. 인류 역사를 살펴보면 어느 나라에서든 거친 물의 흐름을 다스리기 위한 치수(治水)가 대대적인 국가사업으로 추진되었음을 알 수 있다. 논은 일종의 '댐' 역할을 담당한다. 즉, 논은 물을 저장해둘 뿐만 아니라 하천이 급격한 흐름을 완화하고 조절해 천천히 흐르면서 대지를 적시고 지하수를 채우도록 돕는다.

자동차나 버스를 타고 도로를 신나게 달리다 보면 넓게 펼쳐진 논에 벼가 심겨 있는 모습을 흔히 볼 수 있다. 우리는 이런 풍경을 당연시한다. 심지어 볼 게 아무것도 없는 곳이라며 투덜대기도 한다. 그러다가 대대적인 개발이 이루어져 부근에 건물이라도 들어서기 시작하면 그제야 아무것도 없던 곳에 뭔가 괜찮은 게 생겼다고 말한다.

하지만 우리가 무심히 바라보는 그 논에 인류의 피땀 어린 노력이 담겨 있음을 잊어서는 안 된다. 인류는 아주 오랫동안 생존을 담보해줄 식량을 안정적으로 확보하고자 숱한 땀방울을 벼를 기르는 논에 쏟아부었다.

초기 농경사회에서 쌀이 화폐로 사용될 수밖에 없었던 몇 가지 조건

쌀은 어떤 용도로 사용될까? 그리고 쌀은 인류에게 어떤 유익을 줄까? 쌀은 무엇보다 인간의 생존과 생활을 보장해주는 가장 중요한 식량원의 하나로 사용된다. 그 외에 또 하나 중요한 용도가 있다. 그게 뭘까? '화폐 기능'이 바로 그것이다. 그러므로 초기 농경사회에서 인류가 논을 만들어 벼 모종을 심고 쌀을 생산할 경우 이는 오늘날 조폐공사에서 돈을 찍어내는 것과 별반 다름없는 일이었다. 다시 말해 논을 만들어 쌀을 생산하면 막대한 투자 효과를 얻을 수 있었다. 그러다 보니 그 시대에는 권력자든 일반 국민이든 누구 할 것 없이 팔을 걷어붙이고 논을 만드는 일에 몰두했다.

일상적으로 돈을 소유하고 사용하는 일에 익숙한 현대인은 쌀이 화폐를 대신하는 상황이 어색하게 느껴질 수도 있다. 지폐는 누구나 그 가치를 믿기에 우리는 지폐를 내고 상품과 교환한다. 그러나 냉정하게 생각하면 지폐는 그저 숫자를 적은 종잇조각에 지나지 않는다. 더구나 지금은 지폐조차 구경하기 어렵고 플라스틱 카드가 점차 그 자리를 대신하고 있다. 우리는 지폐가 어디에 쌓여 있는지도 모른 채 그저 숫자가 늘어났다 줄어드는 것만 보는 셈이다.

반면 쌀은 인간에게 가장 중요한 주식량이자 눈에 보이고 손으로 만질 수 있는 생생한 실물이다. 플라스틱 카드에 어마어마한 숫자가 찍히는 억만장자든 계좌 잔액이 바닥나 경제적 곤란을 겪는 가난한 사람이든 식량이 없으면 굶어 죽을 수밖에 없다. 즉, 양식에는 보편적 가치가 담겨 있다. 인간이라면 누구나 배가 고프면 밥을 먹어야 하니 말이다.

물론 다른 먹을거리로 어느 정도 배를 채울 수 있으므로 쌀이 없다고 무조건 굶어 죽는다고 말할 수는 없다. 그런데도 인류가 다른 먹을거리보다 우선적으로 쌀을 화폐로 이용한 이유는 무엇일까? 쌀은 오랫동안 보관할 수 있고 장거리 운반도 가능하기 때문이다.

만약 화폐나 금·은 등에 치중해 경제활동이 이루어지면 돈은 있어도 식량이 없어서 굶어 죽는 상황을 배제할 수 없다. 그렇지만 쌀이 경제의 중심일 경우 사람들은 당연히 더 많은 식량을 생산하려고 애를 쓰기 마련이다. 아니면 적어도 쌀 생산과 공급망을 갖춰 굶어 죽는 사람을 최소화할 수 있다.

초기 농경사회에서 쌀 생산을 늘리기 위해 끊임없이 경지를 개발하는 일은 현대사회로 치면 화폐를 무제한으로 찍어내는 일과 다르지 않았다. 쌀 생산량이 증가하면 쌀이 남아돌고 결국 가치는 떨어지고 만다. 이런 이유로 쌀은 화폐로 사용하는 데 한계가 따를 수밖에 없다.

영국의 '밀농사'보다 6배 많은 인구를 부양하는 일본의 '벼농사'

'논' 시스템과 벼라는 작물은 적은 농지로 많은 사람이 먹고살 수 있는 기반을 제공했다. 예를 들어 16세기 섬나라 일본은 같은 섬나라인 영국과 비교해 6배 많은 인구를 부양했다.

그 시절 유럽에서는 삼포식 농업(Three Field System)이라 부르는 농사법이 일반적이었다. 이는 감자와 콩 같은 여름작물을 생산하는 밭, 밀을 재배하는 밭, 작물을 기르지 않고 휴경하는 밭으로 나누어 주기적으로 돌려가며 농사짓는 방식이다. 3년마다 한 번씩 농사를 쉬지 않으면 지력을 유지할 수 없었기 때문이다. 결국 밀은 3년에 한 번밖에 수확하지 못했다.

실제로 유럽의 전원 풍경을 보면 드넓은 밭이 펼쳐지고 마을은 먼 곳에 어렴풋이 보이는 식이다. 삼포식 농업을 하며 살아가자면 드넓은 경작지가 필요했으니 이는 어쩔 수 없는 일이다. 반대로 아시아의 마을과 마을 사이는 거리가 짧은 편이다. 이것은 벼를 재배하는 데 유리한 환경을 부여받은 덕분이다.

아시아는 유럽과는 상황이 달랐다. 아시아에서는 해마다 논에 벼를 재배할 수 있었고 심지어 이모작도 가능했다. 지금도 벼를 수확한 뒤 밀이나 보리를 재배하는 식으로 이모작을 하는 곳이 있다. 유럽에서는 3년에 한 번 밀을 재배했으나 아시아에서는 1년간 쌀과 밀을 모두 수확할 수 있는 셈이었다. 사실 일반 작물은 이렇게 연작할 수 없다. 벼처럼 재배할 수 있는 작물은 드문 편이다.

앞서 말했듯 벼는 여러 작물 중에서도 압도적으로 수확량이 많다. 삼포식 농업으로 농사짓느라 수확량이 적은 유럽에서는 넓은 면적에 농사를 짓는 수밖에 없었다. 아시아의 경우 논은 땀 흘려 노력할수록 많은 수확량을 안겨주는 고마운 존재였다. 아시아의 농부들이 굳이 면적을 늘리기보다 효율을 높이는 방향으로 논농사를 짓고자 했던 것도 그런 이유에서다.

벼는 원래 동남아시아 작물이다. 아시아권에서는 거의 예외 없이 벼농사를 지었다. 그중에서도 온난한 지역은 먹을거리가 풍부해 벼가 넘쳐나는 먹을거리에 지나지 않았지만 중국이나 한국, 일본에서 벼는 사람들을 먹여 살리는 효자 작물로 귀한 대접을 받았다. 이곳에서는 벼를 소중히 여겼고 덕분에 벼농사 기술이 다른 어느 곳보다 발달했다.

11

BEAN

대공황의 위기를 극복하게 해준 식물

콩

중국이 원산지인 콩은 쌀과 영양 면에서 궁합이 좋고
콩으로 만든 된장도 영양이 풍부하다.
중국 4,000년 문명을 뒷받침한 콩은 전 세계로 뻗어 나갔다.
오늘날 전 세계 콩 생산량의 85퍼센트가 아메리카 대륙에서 나온다.

중국이 원산지인 대두, 아메리카 대륙을 점령하다

대두는 영어로 소이빈(Soybean)이다. 여기서 소이(Soy)는 '간장'을 의미한다. 그러므로 소이빈은 '간장을 담그는 콩'이라는 뜻이다.

대두는 중국이 원산지인 작물로 오랜 세월 아시아를 중심으로 재배가 이루어졌다. 물론 오늘날 대두는 중국과 아시아만이 아닌 전 세계 각지에서 재배하는 5대 주요 작물이다.

전 세계적으로 인류가 가장 많이 재배하는 작물은 옥수수다. 그리고 밀과 벼가 그 뒤를 잇는다. 이 세 가지 작물이 세계 3대 곡물로 꼽힌다. 감자는 금·은·동에는 못 들지만 당당히 4위를 차지한다. 그리고 그다음 다섯 번째가 대두, 즉 콩이다.

놀랍게도 대두 생산량이 가장 많은 나라는 미국이다. 브라질은 그다음 순위를 차지한다. 사정이 이렇다 보니 아메리카 대륙이 전 세계 대두 생산량의 85퍼센트를 차지한다.

인간이 식량으로 삼는 작물 중에는 아메리카 대륙이 원산지인 작물이 많다. 옥수수, 감자, 토마토가 대표적이다. 그런 반면 대두는 원산지는 아시아지만 아메리카 대륙에 전해져 오늘날 이곳에서 전 세계 소비량의 대부분이 생산된다는 점이 흥미롭다.

그렇다면 애초 중국에서 재배하던 대두는 어떻게 전 세계로 퍼져 나갔을까?

중국 4,000년 문명을 뒷받침해준 위대한 두 가지 작물, 벼와 콩

인류 4대 문명은 주요 작물과 관계가 깊다. 예를 들어 메소포타미아 문명과 이집트 문명에는 보리·밀 등의 '맥류(麥類)'가 있다. 그리고 인더스 문명에는 벼가, 중국 문명에는 대두가 있다. 아메리카 대륙으로 눈을 돌려보자. 아스테카 문명과 마야 문명이 있던 중미는 옥수수의 원산지이고 잉카 문명이 있던 남미의 안데스 지역은 감자의 원산지다. 중국 북부 황허강 유역에서는 대두와 조를 중심으로 한 밭농사가 발달했으며 남부 양쯔강 유역에서는 벼를 중심으로 한 논농사가 발달했다.

농사를 지어 농작물을 수확하면 토지는 갈수록 척박해진다. 작물이 흡수한 땅속 양분이 밖으로 나오기 때문이다. 또 특정 작물을 연이어 재배할 경우 결국에는 작물 재배 자체가 어려워진다. 미네랄 균형이 무너지면서 식물이 내뿜는 유해물질의 영향으로 토양이 메마르기 때문이다. 실제로 일찍이 농경을 시작한 지역은 토지 사막화로 문명이 붕괴하는 비극적인 운명을 맞이했다.

하지만 중국의 농경문화를 지탱해준 두 가지 작물, 벼와 대두는 자연을 별로 파괴하지 않는 '착한 작물'이다. 논에 벼를 재배할 경우 산을 타고 상류에서 흘러들어온 물로 영양분을 보충할 수 있다. 이때 남은 미네랄과 유해물질은 물에 씻겨 내려간다. 그 덕분에 같은 농경지에서 매년 벼농사를 지을 수 있다.

대두는 콩과 식물이다. 콩과 식물에는 박테리아와 공생해 공기 속 질소를 흡수하는 특수한 능력이 있다. 그러므로 대두는 질소가 줄어들어 척박해진 토지에서도 얼마든지 재배할 수 있는 작물이다. 더구나 다른 작물을 재배했던 땅에 대두를 심어 키우면 대두가 지력 회복을 도와 토지를 기름지게 만들어준다.

콩의 조상이 잡초 중 하나인 '돌콩'이라고?

대두는 야생에서 자라던 돌콩(학명: Glycine Soja)의 후손이다. 지금도 대두와 돌콩을 교잡해 새로운 종자를 만들 수 있을 만큼 이 둘은 서로 가까운 친척이다.

겉모양만 보면 돌콩과 대두는 많이 달라 보인다. 돌콩은 나팔꽃처럼 덩굴을 휘감으며 자라는 덩굴식물로 지금도 밭 주변에서 흔히 볼 수 있는 잡초다. 반면 작물로 재배하는 대두는 덩굴을 뻗어 자라지 않고 자신의 줄기로 똑바로 서서 자란다.

어떻게 덩굴식물에서 직립하는 작물이 생겼을까? 아쉽게도 확실한 이유는 아직 밝혀지지 않았다. 식물 입장에서 직립하지 않고 다른 식물을 휘감아 덩굴로 성장하는 방식은 빨리 자라는 데 유리한 성질이다. 그러나 인간의 입장에서 덩굴식물을 키우는 데는 적잖은 노동과 품이 들어간다. 가령 덩굴이 뻗어가도록 지지대를 세워야 하고 서로 얽히기라도 하면 수확하는 데 애를 먹는다. 어쩌면 직립하는 특징을 보이는 계통을 선별한 것도 그런 이유에서일지 모른다.

오늘날 인류는 다양한 품종 개량 기술을 개발했지만 대두는 수천 년 전 모습과 별반 달라지지 않았다. 즉, 덩굴식물에서 직립한 대두가 생겨난 것처럼 극적인 변화가 일어나지는 않았다.

콩을 '밭에서 나는 고기'라고 부르는 이유

한국과 중국, 일본 등 아시아 국가의 주식은 밥이다. 밥에는 콩을 발효해서 만든 된장이 잘 어울린다. 사실 쌀과 대두는 영양학적으로 궁합이 매우 좋은데 된장 원료가 바로 대두다.

탄수화물이 풍부한 쌀은 영양 균형이 뛰어난 식품이다. 대두는 '밭에서 나는 고기'라는 별명이 붙을 정도로 단백질과 지질을 풍부하게 함유하고 있다. 결국 쌀과 대두를 조합하면 3대 영양소인 탄수화물, 단백질, 지질을 골고루 섭취할 수 있다.

대두가 '밭에서 나는 고기'라는 말을 들을 정도로 단백질을 풍부하게 함유한 데는 그럴 만한 이유가 있다. 대두 등의 콩과 식물은 '질소고정'이라는 특수한 능력으로 공기 속 질소를 빨아들인다. 그 덕분에 대두는 질소 성분이 적은 토양에서도 잘 자랄 수 있다.

그러나 씨앗에서 싹을 틔울 때는 질소고정 능력을 아직 제대로 발휘하지 못한다. 이런 이유로 대두는 질소고정을 할 수 있을 때까지 씨앗 속에 미리 질소 성분인 단백질을 저장해둔다.

한편 벼의 씨앗, 즉 볍씨인 쌀은 탄수화물을 풍부하게 함유하고 있다. 씨앗의 영양분인 단백질과 지질은 탄수화물과 비교하면 훨씬 막대한 에너지를 생산하는 특징을 보인다. 그런데 단백질은 식물의 몸을 만드는 기본적인 물질로 씨앗뿐 아니라 부모 식물에도 중요하다. 지질은 에너지양이 큰 대신 에너지 소모량도 많다. 심지어 지질을 만드는 데도 에너지가 필요하다. 다시 말해 단백질과 지질을 씨앗에 저장하려면 부모 식물에 그만한 여력이 있어야 한다.

식물학자들은 볏과 식물이 초원지대에서 탄생하여 성장하고 발달했을 것으로 추정한다. 거친 초원의 척박한 환경에서는 씨앗에 영양분을 저장할 여력이 없다. 볏과 식물이 광합성을 하여 얻는 탄수화물을 그대로 씨앗에 저장하는 것도 그래서다. 즉, 볏과 식물은 탄수화물을 에너지원으로 삼아 싹을 틔우고 성장하는 단순한 전략을 선택했다. 인류는 그 탄수화물을 식량으로 이용하는 것이다.

쌀은 왜 콩과 환상의 콤비를 이룰까

탄수화물이 풍부한 벼와 단백질이 풍부한 대두의 조합은 절묘한 영양 균형을 이룬다. 다양한 영양소를 갖춘 안전 영양식으로 일컬어지는 쌀은 유일하게 아미노산인 라이신이 부족하다. 이 라이신을 풍부하게 함유한 식품이 바로 대두다. 반대로 대두에는 아미노산의 일종인 메싸이오닌(Methionine)이 부족하지만 쌀은 메싸이오닌이 풍부한 식품이다. 그러므로 쌀과 대두를 적절히 조합해서 먹으면 모든 영양분을 골고루 섭취할 수 있다.

그러고 보면 오랜 옛날부터 먹던 식단에는 쌀과 대두를 조합한 음식이 많다. 가령 된장은 대두로 만드는데 밥과 된장국은 쌀과 대두의 조합이다. 청국장과 비슷한 낫토도 대두로 만들며 밥과

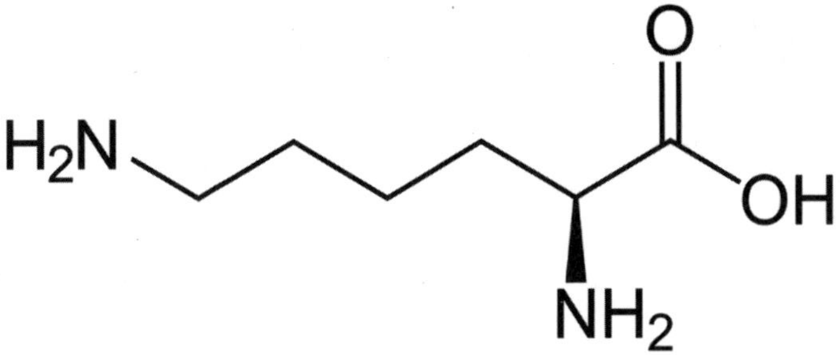

다양한 영양소를 갖춘 안전 영양식으로 일컬어지는 쌀은
유일하게 아미노산인 라이신이 부족하다.
이 라이신을 풍부하게 함유한 식품이 바로 대두다.

낫토는 찰떡궁합을 자랑한다.

이밖에 대두로 만든 콩가루와 간장, 두부 등의 식품도 있다. 우리는 쌀로 빚은 떡에 콩가루를 묻혀 먹고 쌀로 만든 주전부리를 간장에 찍어 먹는다. 쌀은 대두로 만든 간장과 썩 잘 어울린다. 쌀로 만드는 청주에는 두부를 차갑게 식히거나 데워 먹는 안주를 곁들이면 일품이다. 식초를 넣어 버무린 밥에 유부를 씌워 만든 유부초밥도 쌀과 대두가 주재료다.

이처럼 밥을 주식으로 하는 문화권에서 즐겨 먹는 요리 중에는 쌀과 대두가 조화를 이루는 음식이 많다. 음식 문화 하나에도 조상들의 지혜가 담겨 있는 셈이다.

일본에서 된장은 왜 전쟁 시기인 전국시대에 크게 발전했나

전쟁은 파괴의 현장이면서 동시에 발명과 탄생의 현장이기도 하다. 전쟁터에서 수많은 획기적인 기술이 탄생하는 일이 비일비재하기 때문이다. 현대사회에서 그토록 중요한 역할을 하는 인터넷과 GPS도 원래 군사적 목적으로 개발했다가 일상에 이용하게 된 기술이라는 사실을 아는 사람은 뜻밖에도 많지 않다.

전쟁에서 무기만 중요한 게 아니다. 전쟁터에 나가 싸우는 주

체인 인간도 그 이상으로 중요하다. 또 그가 먹는 식량 역시 가장 중요한 요소 중 하나다. 만약 1만 명의 군인으로 이루어진 군대가 있다면 당연하게도 1만 명분의 식량이 필요하다. 군사용으로 온갖 식품이 개발되는 것도 그런 맥락에서다. 예컨대 보존성이 뛰어난 레토르트식품과 동결 건조식품은 본래 군사적 목적으로 개발한 기술을 토대로 탄생했다.

일본 전국시대에도 획기적인 전투식량이 등장했다. 바로 된장이다. 일본에서 미소(味噌)라고 부르는 된장은 본래 아스카시대(593~622년)에 중국에서 일본으로 전해졌는데 전국시대에 이르러 눈부시게 발전했다.

된장은 발효식품이라 보존성이 뛰어나다. 이것을 말리거나 볶아 환으로 만들면 휴대하기 편리하다. 이 된장 환을 뜨거운 물에 녹이면 된장국을 뚝딱 만들 수 있다. 여기에 산나물을 뜯어 건더기로 넣으면 영양 보충도 가능하다.

된장은 스트레스를 줄여주는 작용으로 '행복 호르몬'이라고 불리는 세로토닌의 원료인 트립토판(Tryptophan)을 풍부하게 함유하고 있다. 즉, 된장국을 먹으면 세로토닌 효과로 마음이 안정되고 긍정적인 생각이 든다. 된장에는 뇌 기능을 활성화하는 레시틴(Lecithin)이 들어 있다. 그뿐만이 아니다. 피로회복과 면역기능 강화 효과가 있는 아르지닌(Arginine)도 포함하고 있어 튼튼한 체력을 유지하게 해준다.

세계 대공황 여파로
북미에서 옥수수의 위상을 위협한 콩

소이빈으로 불리는 대두는 된장뿐 아니라 간장의 원료이기도 하다. 일본 에도시대(1603~1867년. 도쿠가와 이에야스가 권력을 잡아 에도 막부를 설치한 이후부터 유지된 시기를 말한다.—옮긴이)에 사쓰마 지방(오늘날의 가고시마현—옮긴이)에서 유럽으로 간장을 수출했는데 당시 간장을 뜻하는 사쓰마 사투리 '소이'가 소이빈의 유래라고 한다.

시간이 흐르면서 간장은 아메리카 대륙에도 전해졌다. 그 이전에 대두는 동아시아에서 유럽과 아메리카 대륙으로 전해졌으나 이때까지만 해도 전 세계적으로 대두를 생산한 것은 아니었다. 쌀을 주식으로 삼지 않는 서구에서 대두를 그대로 먹을 수는 없었기 때문이다. 대두를 먹으려면 쌀과 함께 밥을 짓거나 두부, 청국장, 된장 등 발효식품 형태로 만들어야 한다.

그러다가 1929년 세계 대공황이 닥치면서 대두의 위상에 극적인 변화가 일어났다. 대공황 여파로 식용유 수요가 크게 줄어들면서 옥수수로 만든 식용유가 공급 과잉으로 가격이 폭락한 것이었다. 반대로 그보다 가격이 저렴한 대두 식용유는 차츰 수요가 늘어나기 시작했다. 여기에 더해 옥수수 과잉 공급을 억제하기 위해 생산을 조정하는 과정에 옥수수밭에 규제 대상이 아닌 대두

쌀을 주식으로 삼지 않는 서구에서 대두를
그대로 먹을 수는 없었다.
대두를 먹으려면 쌀과 함께 밥을 짓거나
두부, 청국장, 된장 등 발효식품 형태로 만들어야 한다.

를 심기 시작했다.

날씨마저 옥수수에 악재로 작용했다. 1930년대에 가뭄이 이어지면서 옥수수가 큰 타격을 입은 것이다. 척박한 토양에서도 잘 자라는 대두는 상대적으로 가뭄의 영향을 적게 받는다.

이 모든 여건이 충족되면서 동아시아 작물이던 대두를 미국 농부들이 전국적으로 생산하기 시작했다. 현재 미국은 세계 최대 대두 생산국이다. 미국과 캐나다를 합하면 전 세계 생산량의 절반에 해당하는 대두가 북미지역에서 나온다. 다만 미국에서 생산하는 대두를 사람들은 대부분 식용이 아니라 가축의 먹이로 이용한다.

아시아 이민자들이 뒤뜰에 키우던 콩, 남미 국가 경제를 뒷받침하는 주요 작물이 되다

남북전쟁 이후 단행한 노예해방으로 아메리카 대륙에서는 노동력이 부족해졌다. 그때 아시아 각지에서 수많은 사람이 아메리카 대륙으로 이주해 부족한 노동력을 보충해주었다.

해외여행을 가면 현지 음식이 입에 맞지 않아 곤혹스러울 때가 있다. 낯선 음식으로 고생하던 아시아인을 위한 구원투수로 등장한 양념이 바로 간장이다. 간장만 있으면 입에 맞지 않는 이국 요리도 먹기가 한결 수월해진다. 여기에다 된장 국물까지 갖추면 그야말로 입가에 만족스러운 미소가 번진다.

당시 아메리카 대륙으로 이주한 이민자들도 마찬가지였을 것이다. 그들은 고국에서 가져온 대두를 뒤뜰에 심었고 거기서 수확한 콩으로 직접 된장과 간장을 담가 먹었다.

그러던 중 제2차 세계대전이 발발하면서 식량이 부족해지자 남미 국가에서는 대두 재배를 장려했다. 그러나 곤혹스럽게도 기대와 달리 그들에게 익숙하지 않은 대두는 좀처럼 뿌리를 내리지 못했다.

남미에서 대두 재배가 활발하게 이루어진 때는 제2차 세계대전 이후다. 1960년대에 들어 남미 각국의 농부들은 본격적으로 대두를 재배하기 시작했다. 여기에는 아시아계 이민자들의 숨은 노력이 있었다. 그들 덕분에 아시아와 지구 반대편에 위치한 남미에서 점차 콩밭이 늘어났다.

오늘날 브라질, 아르헨티나, 파라과이 같은 남미 국가는 대표적인 대두 생산지다. 아르헨티나와 브라질에서는 대두가 수출 총액의 60퍼센트 이상을 차지하면서 국가 경제를 든든히 뒷받침해주는 주요 작물로 자리 잡았다. 그들은 처음에 아시아인이 뒤뜰에 키우던 작물이 기적을 낳았다고 말한다.

아이러니하게도 대두의 원산지이자 아메리카 대륙에 대두를 전해준 아시아에서는 근래 들어 거꾸로 대두를 수입하는 국가가 많다. 한국과 일본이 대표적이다. 한국은 대두 자급률이 5퍼센트도 안 될 정도이고 일본도 10퍼센트를 넘지 않는다. 사정이 이렇다 보니 수입 대두가 없으면 두부도 된장도 낫토도 만들어 먹기 어려운 실정이다. 일본의 경우 대두 자급률이 거의 0퍼센트에 가까웠다가 그나마 최근 국내 생산량이 늘어 10퍼센트 가까이까지 올라간 것이다.

왜 아시아 국가의 대두 자급률이 그토록 낮아진 것일까? 여기에 커다란 영향을 미친 것이 바로 미국의 농업정책이다. 미국이 밀과 대두를 대량으로 재배해 수출하기 시작하면서 아시아 국가들의 국내 생산은 크게 줄어들 수밖에 없었다. 그 연장선에서 한국과 일본의 대두 자급률도 눈에 띄게 하락했다. 당시는 제2차 세계대전이 끝난 직후였고 일본은 극심한 식량난을 겪고 있었다. 일본은 수입할 수 있는 것은 되도록 수입에 의존하고 일본의 주식인 쌀 증산에 온 힘을 쏟던 상황이었다.

아무튼 그런 과정을 거쳐 대두는 북미와 남미에서 생산을 전담하다시피 하고 있다. 대두는 오늘날 아메리카 대륙을 대표하는 작물로 거듭났다.

12

CORN

전 세계적으로 가장 많이 재배되는 작물 옥수수

옥수수는 단순한 식량이 아니다.
옥수수는 공업용 알코올과 종이상자 같은 자재,
석유를 대체할 바이오 에너지 등으로 쓰인다.
현대 문명은 옥수수 없이 성립할 수 없을 정도다.

가축처럼 인간의 도움 없이는 자랄 수 없는 식물, 옥수수

옥수수는 '우주에서 온 식물'이라는 전설이 있는데 사실일까? 물론 그럴 리는 없을 것이다. 그런데도 옥수수는 알면 알수록 신비로운 식물이라는 생각이 든다.

옥수수의 조상 격인 특정 야생식물은 여전히 베일에 싸여 있다. 오늘날의 식물학자들도 옥수수 조상의 정체를 확실히 밝혀내지는 못했기 때문이다. 좀 더 구체적으로 얘기해보자. 예컨대 우리가 밥을 지어 먹는 쌀, 즉 벼에는 그 선조 격인 야생 벼가 있다. 밀에게는 직접적인 선조는 없으나 밀의 원형으로 알려진 야생 염소풀(학명: Aegilops Tauschii)이 발견되었다. 그러나 옥수수는 어디서 어떻게 탄생했는지 정확히 아는 사람이 없고 여전히 수수께끼로 남아 있다.

옥수수의 원산지는 중미다. 옥수수의 조상으로 추정하는 식물에는 테오신테(Teosinte: 멕시코와 중앙아메리카의 큰 벼과 일년초로 생물 분류에서 옥수수와 가까운 관계에 있는 종류—옮긴이)가 있는데 생김새부터가 옥수수와는 딴판이다. 설령 테오신테가 옥수수의 조상이라고 해도 그와 비슷한 친척 식물조차 찾을 수 없을 정도다.

옥수수는 볏과 식물군에 속하지만 일반적인 볏과 식물과는 상당히 다르다. 일반적으로 식물은 하나의 꽃에 암술과 수술이 있다. 벼와 밀 같은 볏과 식물은 대부분 하나의 꽃에 암술과 수술이 있는 양성화다. 그런데 옥수수는 줄기 끝에 수술이 피고 줄기 중간 지점에 암꽃이 맺힌다. 특히 암꽃은 독특하게도 우리가 '옥수수수염'이라고 부르는 콘 실크(Corn Silk)를 생성하는데 여기에서 실처럼 늘어지는 물질이 대량 분비된다. 이 옥수수수염으로 꽃가루를 받아 수정한다.

이 암꽃 부분이 우리가 먹는 옥수수로 자란다. 옥수수를 먹기 위해 껍질을 벗기면 안에 있던 옥수수 알이 모습을 드러낸다. 그 옥수수 알갱이가 바로 옥수수 씨앗이다. 굉장히 익숙한 나머지 우리는 이런 점들을 당연하게 여기지만 옥수수는 참 신기한 식물이다.

식물은 종자를 퍼뜨리기 위해 온갖 전략을 구사하고 자연의 힘을 이용한다. 민들레(Dandelion: 쌍떡잎식물 초롱꽃목 국화과의 여러해살이풀—옮긴이)는 바람을 지혜롭게 활용한다. 바람을 잘 맞을 수 있도록 높이 자란다. 어느 방향에서 바람이 불어도 씨앗이 그 바람을 맞고 멀리 날아갈 수 있도록 솜털 같은 홀씨를 '공 모양'이 되게 하여 성공률을 높인다. 물가에 자라는 동의나물(Clatha minor NAKAI: 쌍떡잎식물 미나리아재비목 미나리아재비과의 여러살이풀—옮긴이)은 비를 이용해 번식한다. 꽃이 지면 씨방이 부풀고 벌어지는데 씨앗과 씨방이 모두 하늘을 향한다. 동의나물은 묵묵히 비를 기다린다. 그리고 마침내 비가 내리면 빗물에 씨앗이 튀어 사방으로 흩어진다. 동의나물 씨앗은 물에 떨어져 이동한 다음 다른 뭍에 닿아 싹을 틔우고 자란다. 사람이나 동물을 번식에 이용하는 식물도 있다. 도꼬마리(Cocklebur: 쌍떡잎식물 초롱꽃목 국화과의 한해살이풀—옮긴이)라는 식물이 대표적이다. 도꼬마리는 갈고리 모양의 가시로 동물의 털이나 사람 옷에 들러붙어 씨앗을 퍼뜨린다.

민들레나 동의나물, 도꼬마리만 효과적인 번식을 위해 자연의 힘을 이용하는 것은 아니다. 거의 모든 식물이 저마다 독특하고 기발한 번식 전략을 쓴다.

물론 여기에도 예외는 있다. 가령 옥수수가 그렇다. 옥수수는 멀리 퍼뜨려야 할 씨앗을 껍질로 꽁꽁 싸매고 있는데 이래서는 씨앗을 퍼뜨릴 수가 없다. 더구나 껍질로 둘둘 말려 있던 노란 알맹이가 겉으로 드러나도 씨앗이 땅에 떨어지지 않는다. 그렇게 씨앗을 땅에 떨어뜨리지 않으면 식물은 자손을 남길 수 없다. 쉽게 말해 옥수수는 마치 가축처럼 인간의 도움 없이는 자랄 수 없는 식물이다.

옥수수는 독특한 식물이다. 처음부터 누군가가 작물로 먹으려고 만들어낸 듯한 느낌을 주는 식물이 바로 옥수수다. 그런 까닭에선지 우주인이 고대 인류에게 식량으로 삼으라고 옥수수를 전해주었다는 얘기까지 퍼져 있을 정도다. 옥수수가 정말 우주에서 온 식물인지는 알 수 없지만 식물학자들은 이 정체 모를 식물을 '괴물'로 여긴다.

신이 옥수수로 인간을 만들었다고 믿은 마야인

인류 문명사에는 저마다 그 문명을 뒷받침한 작물이 있다. 황허 문명에는 대두가 있고 인더스 문명과 양쯔강 문명에는 벼가 있다. 지중해 연안에 자리 잡은 메소포타미아 문명과 이집트 문명에는 보리가 있고 남미의 잉카 문명에는 감자가 있다.

한 가지 질문을 던져보자. '문명에 힘입어 작물이 발달했을까, 아니면 작물이 문명 발달에 기여했을까?' 단언할 수는 없다. 여하튼 분명한 것은 세계 문명의 기원이 작물의 존재와 밀접하게 연관되어 있다는 점이다.

옥수수의 기원지로 추정하는 중미에는 아스테카 문명과 마야 문명이 존재했다. 이 두 문명의 사람들은 옥수수를 가장 중요한 마야 전설에 따르면 신이 옥수수로 인간을 만들었다고 한다.
이는 인간이 옥수수를 만든 게 아니라
옥수수보다 나중에 등장했다는 의미이기도 하다.

작물로 여겼다. 이유가 뭘까?

마야 전설에 따르면 신이 옥수수로 인간을 만들었다고 한다. 이는 인간이 옥수수를 만든 게 아니라 옥수수보다 나중에 등장했다는 의미이기도 하다.

신이 옥수수로 인간을 만들었다는 마야인들의 믿음은 어디에서 유래한 걸까? 옥수수의 다양한 색깔에서 비롯되었다는 해석이 정설로 받아들여진다. 옥수수 품종 중에는 우리가 흔히 보는 노란색이나 흰색 외에도 자주색, 검은색, 주황색 등 다양한 색상의 옥수수가 존재한다. 그런 터라 마야인들은 옥수수로 만들어진 인간 역시 옥수수처럼 피부색이 다양하다고 믿었다.

세계화 시대를 살아가는 우리는 지구 위에 황인, 흑인, 백인 등 피부색이 다른 70억 명의 사람이 살고 있다는 사실을 잘 알고 있다. 또 전 세계가 하나로 통합되어가는 21세기를 살아가는 우리는 자신과 피부가 다른 사람들과도 일상적으로 만나고 소통하며 살아간다. 마야인들이 살던 시대는 오늘날의 세상과 전혀 달랐다. 그들이 살던 중남미에 피부가 흰 스페인인이 맨 처음 발을 디딘 것은 콜럼버스가 아메리카 대륙 탐험에 성공한 15세기 이후의 일이었다. 아프리카에 살던 흑인들이 백인들의 노예 신세가 되어 아메리카 대륙으로 끌려온 때는 17세기 이후였다. 한데 마야인들은 어떻게 전 세계에 옥수수처럼 다양한 피부색의 사람들이 살고 있다는 사실을 알았을까? 참으로 불가사의한 일이다.

'자연 법칙에 어긋난다'는 이유로 유럽인에게 배척당한 이상한 식물

아메리카 대륙의 원주민들이 식량을 얻기 위해 재배하던 옥수수가 유럽 대륙에 전해진 것은 콜럼버스가 아메리카 대륙을 발견한 이후의 일이었다. 그러나 처음부터 유럽인들이 이 낯선 작물을 흔쾌히 받아들인 것은 아니었다.

보리나 밀 등에 익숙했던 유럽인에게 옥수수는 기묘한 식물이었다. 식물학자조차 "옥수수는 희귀한 식물이다. 꽃이 피었다 진 자리가 아닌 전혀 다른 곳에서 낟알이 열리는 독특한 식물이다. 이는 자연법칙에 어긋난다"라며 난색을 보였다.

식물은 꽃이 피었다 지면 그 자리에 열매와 씨앗이 열린다. 옥수수도 이 점에서는 마찬가지다. 그런데 옥수수 암꽃에 생기는 수염은 아무리 유심히 살펴도 꽃으로 보이지 않는다. 옥수수는 볏과 식물이라 꽃잎도 없고 아름다운 색으로 물들지도 않는다. 그러나 길게 늘어진 옥수수수염은 반질반질하게 윤기가 돌고 매우 탐스럽다. 이 옥수수수염은 대개는 하얀색이지만 붉은색을 띠는 종류도 있다.

볏과 식물은 줄기 끝에 이삭을 맺고 꽃을 피운다. 이 점에서도 옥수수는 다른 볏과 식물들과 마찬가지다. 다만 줄기 끝에 옥수수가 피운 꽃은 열매를 맺지 못한다. 수꽃이기 때문이다. 신기하게도 옥수수는 수염이 자랐던 자리에 열매를 맺는다.

유럽인들은 이런 사실을 흔쾌히 받아들이지 못했다. 어쩌면 이것은 당연한 일이었다. 신이 천지를 창조했다는 신앙을 가진 그들로서는 위에 언급한 사실들이 자연의 섭리에 반하는 일이라 믿었기 때문이다. 그러므로 유럽인들은 옥수수를 한동안 '희귀한 식물'로 받아들여 관상용으로만 재배하고 식량으로 활용하지는 않았다. 이런 사회적·문화적 배경에서 옥수수는 미국과 중근동, 아시아 국가 등 유럽 이외의 여러 나라로 퍼져 나갔다.

전 세계에서 가장 많이 재배되는 작물은?

전 세계적으로 가장 널리 재배되는 작물은 무엇일까? 밀? 벼? 보리? 사탕수수? 아니다. 답은 옥수수다. 독자 여러분은 이 대목에서 어쩌면 고개를 갸웃거릴지 모르겠다. '옥수수' 하면 누구나 여름날 야시장에서 파는 구운 옥수수나 통조림·수프 등으로 재가공되는 옥수수를 떠올린다. 그러다 보니 전 세계에서 옥수수가 밀이나 쌀보다도 더 많이 재배되는 작물이라고 생각하는 사람은 드물다.

다양한 옥수수 품종 중에서 채소로 먹을 수 있는 종은 스위트콘이다. 스위트콘은 돌연변이를 일으켜 당분이 전분으로 변화하지 않는 특수한 품종으로 옥수수 중에서도 희귀종으로 꼽힌다. 일반적으로 옥수수는 당분이 전분으로 변화하기 때문에 채소가 아닌 곡물로 취급된다.

아메리카 원주민과 이민자들에게 가장 중요한 식량이자 영양 공급원이었던 옥수수의 대량 생산이 가능해진 데는 가래 등의 농사 도구의 발달과 증기기관 발명으로 인한 기계화의 영향이 무엇보다 컸다.

그러나 인간이 식량으로 활용하는 옥수수 품종은 몇 종류에 지나지 않는다. 사실 오늘날 전 세계에서 인간이 식량으로 직접 섭취하는 옥수수보다 가축 사료로 활용하는 옥수수가 훨씬 많다. 다소 거칠고 인간이 먹기에 적합하지 않은 옥수수도 영양이 풍부해서 가축 사료로 사용하기 적당하기 때문이다. 아무튼 우리가 직접 옥수수를 먹지 않더라도 소고기, 돼지고기 등의 고기를 먹거나 우유를 마시면 간접적으로 옥수수를 섭취하는 셈이다.

옥수수에 장점만 있는 것은 아니다. 한 가지 단점을 꼽아보라면 '엄청난 지력 소모'를 들 수 있다. 옥수수는 지력 소모가 워낙 커서 되도록 연작을 피해야 한다. 그런 까닭에 옥수수를 대량 생산하는 미국의 경우 농부들은 옥수수밭에 질소를 보충하고 지력을 강화해주는 콩밭을 가꾸며 두 작물을 번갈아 재배한다. 만약 화학비료가 나오지 않았다면 땅이 피폐해져 매년 옥수수를 재배하기는 어려웠을 것이다.

전 세계적으로 가장 널리 재배되는 작물은 무엇일까?
밀? 벼? 보리? 아니다. 답은 옥수수다.

옥수수는 온갖 가공식품과 공업용 원료로 쓰인다. 예를 들어 사람들은 옥수수를 주원료로 식용유와 전분을 만든다. 그뿐만이 아니다. 어묵이나 맥주 제조에도 옥수수가 들어간다. 사람들은 옥수수 전분으로 액상 과당이라는 감미료를 만든다. 이 액상 과당은 껌, 과자, 자양강장 음료, 콜라 등 다양한 식품에 들어가므로 우리는 자신도 모르는 사이에 야금야금 옥수수를 먹는 셈이다.

다이어트를 위해 과자와 탄산음료를 피하는 사람은 당류를 줄인 식품이나 지방 흡수를 억제하는 음료를 선택해서 먹기도 한다. 이들 제품에는 '난소화성 덱스트린'이라는 성분이 들어가는데 이것 역시 옥수수에서 추출한 성분으로 만든다.

옥수수는 기본적으로 쪄서 먹는 음식으로 달콤하고 맛있다. 그러나 옥수수의 본고장 멕시코에서는 '쪄서 먹는' 방법 외에도 다양한 방법으로 옥수수 맛을 즐긴다. 통조림으로 만드는 옥수수는 대부분 스위트콘이다. 달착지근하고 톡톡 터지는 듯한 식감 덕분에 샐러드, 볶음밥을 비롯한 여러 가지 요리와 궁합이 잘 맞는다.

인간의 몸은 수많은 식품을 골고루 섭취하면서 영양분을 공급받고 생명을 이어간다. 한데 일설에 따르면 놀랍게도 우리 몸의 절반 정도가 옥수수 성분으로 이루어졌다고 한다. 그만큼 인간이 옥수수 성분을 다양하게 활용하고 있다는 의미이지 않을까. 아무튼 인간의 몸 절반이 옥수수 성분으로 이루어졌다니 '신이 옥수수로 인간을 만들었다'는 마야 전설이 현실에서 이루어지는 게 아닌가 싶어 신기한 생각이 든다.

옥수수가 없다면 21세기 최첨단 과학 문명도 없다

옥수수가 식품으로만 이용되는 것은 아니다. 오늘날 공업용 알코올과 접착제도 옥수수로 만든다. 종이상자 등 다양한 자재에도 옥수수가 들어간다. 그뿐만이 아니다. 최근에는 언젠가 바닥을 드러낼 화학 자원인 석유를 대체해 옥수수를 원료로 바이오 에탄올(Bio-ethanol)을 만들기도 한다.

옥수수는 알면 알수록 신기한 작물이다. 인간이 이룩한 21세기 최첨단 과학 문명도 옥수수 없이는 성립할 수 없을 정도다. 이런 맥락에서 앞으로 과학 기술 문명이 아무리 발전한다 해도 새 시대 인류 문명과 마야 문명의 본질이 크게 달라지지 않을 가능성이 크다.

과학 기술이 발달한 오늘날 인류는 옥수수 품종을 끊임없이 개량한다. 특히 과학자들은 유전자 조합 기술을 활발히 구사하여 개량에 개량을 거듭한 새로운 품종을 줄줄이 선보인다.

그러나 아무리 개량해도 옥수수는 옥수수다. 먼 옛날 평범한 식물들과 완전히 다른 성질을 지닌 기묘한 식물이 탄생해 자란 이후 오늘날까지 옥수수는 극적인 개량이 이루어지지 않았다. 그리고 현대의 최첨단 과학 기술을 동원한다 해도 아마 그런 일은 불가능할 것이다.

오랜 옛날 옥수수는 어떻게 탄생했을까? 혹시 옥수수가 정말로 지구 밖 우주에서 온 것은 아닐까? 아무리 궁리하고 또 궁리하며 생각해보아도 수수께끼가 풀릴 기미는 보이지 않는다. 오히려 생각이 깊어질수록 문제는 더 복잡하게 꼬여만 가는 느낌이다.

인간은 자기중심적으로 세상을 보는 경향이 있다. 그 연장선에서 인간은 자신이 옥수수를 마음대로 재배하고 이용한다고 믿는다. 그러나 어쩌면 이는 옥수수의 관점에서 볼 때 가소로운 생각일지도 모른다. 옥수수가 인간의 손을 빌려 전 세계로 퍼져 나갔으니 어쩌면 오히려 인간이 옥수수의 의도대로 움직인 것일 수도 있다.

식물은 자신의 분포 영역을 넓히고 널리 번식하기 위해 갖가지 방법으로 종자를 퍼뜨린다. 종자를 퍼뜨리기 위해 식물들이 얼마나 피나는 노력을 하는지 알면 옥수수만큼 효과적으로 영역 확장에 성공한 식물도 드물다는 사실도 알게 될 것이다.

13

TULIP

인류 역사상 최초로
거품경제를 일으킨
욕망의 알뿌리
튤립

네덜란드는 동인도회사를 설립해 해양무역으로
자산을 축적하면서 황금시대의 막을 올렸다.
그리고 사람들은 남아도는 금으로 앞다투어
튤립 알뿌리를 사들였다.

십자군의 짐에 섞여 유럽에 잠입한 터키의 야생 튤립 씨앗

'튤립' 하면 여러분은 머릿속에 어느 나라가 가장 먼저 떠오르는가? 아마도 누구나 네덜란드를 떠올리지 않을까? 그러나 사실 튤립의 원산지는 네덜란드가 아니며 유럽도 아니다. 그럼 어디일까? 중근동(아프리카 북부지역과 서아시아—옮긴이)이다. 그렇다면 튤립은 유럽에 어떤 경로로 전해졌을까? 아마도 야생 튤립이 십자군의 짐에 섞여 유럽으로 들어간 것으로 추정된다. 십자군 원정 이후 터키에서 품종 개량이 이루어졌고 이후 16세기 네덜란드 상인이 육성한 원예종이 등장했다.

튤립이라는 이름은 어떻게 붙여졌을까? 일설에 따르면 꽃 이름을 궁금해한 터키인 통역가가 "이 터번(Turban)처럼 생긴 꽃을 뭐라고 부릅니까?"라고 물었다고 한다. 그리고 그 후 터번을 뜻하는 '투르반'이라는 단어가 꽃 이름이 되었다고 한다. 튤립은 터번 같은 생김새 때문에 튈벤드(Tülbend)라는 별칭으로 불렸다. 이것이 라틴어 Tulipa와 프랑스어 Tulipan을 거쳐 영어 Tulip으로 정착했다. 한마디로 '투르반'이 여러 사람의 입을 거치면서 지금의 '튤립'이란 이름으로 굳어진 셈이다.

튤립은 터키의 국화다. 터키어로 튤립은 '랄레(Lâle)'라고 부른다. 말하자면 튤립이라는 이름은 착각에서 비롯된 엉뚱한 이름인 셈이다.

'네덜란드 황금시대'를 수놓은 외래종 꽃

네덜란드는 추운 나라다. 겨울이 되면 이 나라에는 혹독한 추위가 찾아온다. 그런 터라 겨울을 무사히 넘기고 봄을 맞아 꽃피우는 식물이 많지 않다.

맨 처음 튤립이 들어오자 네덜란드에서 가장 오래된 식물원인 레이던대학교 식물원은 튤립을 시험 재배했다. 시험 재배는 대성공이었다. 알뿌리 혹은 구근이라고 부르는 부분으로 겨울을 나는 튤립은 네덜란드의 혹독한 겨울 추위를 극복하고 봄에 아름다운 꽃을 활짝 피웠다.

네덜란드인은 봄을 장식하는
그 아름다운 꽃에 열광했고
튤립은 '봄을 알리는 꽃'으로 여겨져
네덜란드인 사이에 인기가 높았다.

알고 있다시피 튤립은 보는 이의 눈이 즐거워질 정도로 화사하고 선명한 꽃잎을 피운다. 네덜란드인은 봄을 장식하는 그 아름다운 꽃에 열광했고 튤립은 '봄을 알리는 꽃'으로 여겨져 네덜란드인 사이에 인기가 높았다.

상품 가격은 '수요 · 공급의 메커니즘'으로 결정된다. 무슨 상품이든 원하는 사람이 많고 수량이 적어 공급이 수요를 따라가지 못하면 가격은 상승한다. 그리고 상품 가격이 자꾸 비싸지면 그 금액을 기꺼이 내면서까지 사려고 하는 사람이 줄어들기 마련이다. 그 과정에서 자연스럽게 수요와 공급은 균형을 찾아가며 적정한 가격이 형성된다. 만약 값이 뛰어도 특정 상품을 원하는 사람이 많을 때는 가격이 지속해서 상승하며 수요는 여전한데 공급이 줄어들면 가격은 더욱더 상승한다.

당시 네덜란드는 동인도회사를 중심으로 한 해양무역을 활발하게 펼쳐 자산을 차곡차곡 불려가고 있었다. 그야말로 '네덜란드 황금시대'의 막이 오르던 시절이었다.

이 무렵 네덜란드는 엄청난 호황을 누리고 있었다. 사람들의 지갑은 두둑했고 국내에는 돈이 남아돌았다. 그러자 네덜란드인들은 남는 돈으로 사치의 끝판왕인 튤립 알뿌리를 앞다투어 사들이기 시작했다. 그동안 봄이 와도 아름다운 꽃을 구경하기 힘들었던 네덜란드인들이 튤립이라는 아름다운 식물에 반해 선뜻 지갑을 열었다.

사람들이 너나 할 것 없이 눈에 불을 켜고 튤립을 사기 위해 달려들기 시작하자 튤립 알뿌리는 하늘 높은 줄 모르고 값이 치솟았다. 심지어 고가의 튤립 알뿌리가 부와 지위를 과시하는 상징으로 여겨지기까지 했다. 그러자 튤립 알뿌리는 점점 더 값이 뛰어올랐고 나날이 인기가 높아졌다.

어떤 상품의 가격이 지속해서 상승하면 사람들은 돈을 벌기 위해 그것을 투기 수단으로 삼는다. 튤립 알뿌릿값이 계속 오르자 평소 원예에 관심 없던 사람들마저 그 엄청난 열풍에 편승해 튤립 알뿌리를 사들이기 시작했다. 튤립 꽃을 본 적 없는 사람들까지 가세해 미친 듯이 튤립 알뿌리를 사재기하면서 열풍은 튤립 광풍으로 이어졌다.

어떤 상품을 사고자 하는 사람이 많아지면 그에 비례해 가격은 상승하기 마련이다. 그런 식으로 튤립 알뿌리 가격은 끝을 모르고 올라갔고 거기에 투기 세력까지 가세하면서 그야말로 천정부지로 가격이 치솟았다.

튤립이 돈벌이하기 좋은 상품으로 알려지면서 좀 더 많은 돈을 벌기 위해 품종 개량이 활발히 이루어졌고 연이어 신품종이 탄생했다. 그렇게 희귀한 품종이 등장할 때마다 튤립 알뿌리 가격은 더 올라갔다. 급기야 일반 시민이 벌어들이는 연 수입의 10배에 달하는 튤립 알뿌리가 나타나기도 했다. 일반 시민 기준 연 수입의 10배였으니 자그마한 튤립 한 뿌리가 집 한 채 가격에 맞먹는 엄청난 가격에 거래된 셈이었다.

역사에는 그 시절 그 일이 '튤립 광풍(Tulip Mania)의 시대'로 기록돼 있다. 그 시대에 특히 희소가치가 있다고 여겨져 사람들이 비싼 값에 거래한 품종으로 '브로큰(Broken)'이 있는데 이 품종은 꽃잎에 줄무늬가 있다. 당대의 사람들은 희귀한 줄무늬 튤립에 열광했으나 오늘날에는 이것을 튤립 품종으로 인정하지 않는다.

나중에 알려진 사실이지만 브로큰 튤립은 암스테르담에 퍼진 바이러스성 질병에 걸린 꽃이었다. 식물 바이러스에 감염된 튤립은 부분적으로 탈색 현상이 일어나는 '모자이크병' 증상을 보였다. 실은 그 모자이크 증상이 줄무늬로 나타난 것이었다.

바이러스는 종자에 감염을 일으키지 않기 때문에 부모 식물이 바이러스에 감염되어도 종자로 번식한 자손 식물이 바이러스에 감염되는 일은 없다. 그런데 튤립은 알뿌리로 증식하므로 최초의 알뿌리가 감염될 경우 그 알뿌리로 번식한 튤립은 모조리 바이러스에 감염된다.

아무튼 네덜란드에서 튤립의 인기는 나날이 높아졌다. 그러다가 급기야 알뿌리 선물거래와 옵션거래까지 이루어졌다. 다시 말해 실제로 키우는 튤립 알뿌리 양보다 거래하는 알뿌리 수가 훨씬 더 많은 희한한 상황이 벌어졌다.

욕망의 알뿌리 튤립으로 인한 거품경제가 종말을 맞이하다

네덜란드 사람들이 튤립 알뿌리를 말도 안 되는 엄청난 가격에 거래하면서 비현실적인 거품경제가 형성되었다. 공교롭게도 최고가에 거래된 튤립의 이름이 '파산하다', '무너진다'라는 의미의 '브로큰'이었다. 그 이름이 저주의 씨앗이 되었는지 얼마 지나지 않아 부풀 대로 부풀어 오른 거품경제가 꺼지기 시작했다. 거품경제는 일단 거품이 걷어지고 꺼지기 시작하면 걷잡을 수 없이 무너지고 만다.

튤립이 제아무리 부의 상징이 된다 해도 냉정하게 생각해보면 한낱 알뿌리에 지나지 않는다. 따라서 무한정 가격이 올라갈 거라고 누구도 장담할 수 없다. 당시 튤립 가격이 얼마나 비정상적으로 치솟았는지 사람들이 더는 그 알뿌리에 손대지 못할 지경까지 이르렀다.

다시 한 번 말하지만 가격은 수요·공급 메커니즘으로 결정되고 경제도 그렇게 돌아간다. 상품을 사려는 사람이 없어지면 가격이 곤두박질치는 것은 시간문제다. 어느 정도 광풍이 잦아들자 튤립 알뿌리 가격은 폭락하기 시작했고 이 무렵 뒤늦게 투기에 뛰어든 많은 사람이 재산을 잃었다. 아니, 단순히 재산을 잃는 수준에서 그친 것이 아니라 완전히 파산에 이른 투자자도 적지 않

네덜란드 사람들이 튤립 알뿌리를 말도 안 되는
엄청난 가격에 거래하면서 비현실적인 거품경제가 형성되었다.
공교롭게도 최고가에 거래된 튤립의 이름이
'파산하다', '무너진다'라는 의미의 '브로큰'이었다.

았다.

사람들은 이 역사적 사건을 '튤립 거품(Tulip Bubble)'이라고 부른다. 이것이 바로 세계 최초의 거품경제로 기록되었다. 역사를 들여다보면 이 '튤립 거품' 이후에도 사람들이 미쳐 돌아가면서 엄청난 거품이 생긴 경우가 종종 반복되었음을 알 수 있다. 하지만 번번이 그 거품은 허무하게 꺼지고 투자자들에게 참혹한 결과로 이어지고 말았다.

인간은 참으로 묘한 존재다. 한두 번 쓰라린 경험을 하고 나면 같은 실수를 반복하지 말아야 하는데 신기하게도 지치지도 않는지 몇 번이고 같은 실수를 되풀이한다. 사실 지금도 튤립 거품 시대와 달라진 것은 거의 없는 것 같다. 우리는 역사에서 아무것도 배우지 못한 셈이다.

그 무렵 해양을 주름잡으며 황금시대를 누리던 네덜란드인은 부를 탕진하면서 경제에 심각한 타격을 입었다. 결국 세계 금융의 중심지는 네덜란드에서 영국으로 옮겨갔고 바야흐로 영국이 세계 최강대국으로 우뚝 서게 됐다.

한낱 식물에 지나지 않는 튤립 알뿌리가 세계사의 주역 자리를 갈아치우는 대단한 역할을 한 셈이었다.

인간과 치열하게 두뇌 싸움하며 생존하고 번식하는 영리한 식물들

인류에게 식물은 어떤 존재일까? 인간은 언제나 식물을 자기 욕망을 충족하는 도구로 여기며 이용해왔다. 동물처럼 움직일 수 없는 식물은 거부하지 못하며 인간의 욕망을 채우는 도구로 살아야 했다.

어떤 식물은 머나먼 이국땅으로 강제로 옮겨져 낯설고 거친 기후와 환경을 견뎌내야 했다. 또 어떤 식물은 만족을 모르는 인간의 입맛을 충족시키기 위해 끊임없이 개량되며 본래 모습과 정체성을 상실하기도 했다.

과연 식물은 인류에게 이용당하는 피해자로만 살아왔을까? 나는 그렇게 생각하지 않는다. 한 번쯤 식물의 관점에서 생각해보자. 식물의 입장에서 가장 중요한 일은 무엇일까? 싹을 틔운 다음 줄기를 키우고 잎을 키우고 꽃을 피우고 열매를 맺는 일. 그런 다음 궁극적으로 '씨앗'을 만드는 일이 아닐까. 이후 그 씨앗을 널리 퍼뜨리는 일이 아닐까. 그 씨앗들이 다시 어느 곳에선가 싹을 틔우고 줄기를 키우고 잎을 키우고 꽃을 피우고 열매를 맺고 씨앗을 만들고……. 그렇게 번식하고 번성해가는 일이 아닐까.

식물은 씨앗을 퍼뜨리기 위해 저마다 기상천외한 방법을 개발했다. 예컨대 민들레는 소중히 키운 홀씨를 바람에 실어 멀리 날려 보낸다. 갈고리처럼 생긴 가시를 지닌 도꼬마리는 동물과 인간을 이용해 씨앗을 운반한다. 녀석은 무심코 제 몸을 스친 동물의 털이나 사람의 옷에 달라붙어 멀리 이동하고 번식한다.

도꼬마리처럼 자신도 모르는 사이에 인간이 식물에 이용당하는 일은 적지 않다. 질경이나 별꽃 같은 식물도 그런 사례 중 하나다. 이 씨앗들은 어디에든 달라붙기 쉬운 구조로 돼 있어 발로 밟으면 신발 바닥이나 자동차 바퀴에도 착 달라붙는다. 길가에서 자라는 잡초는 이런 식으로 소리 없이 자기 영역을 확보하고 확장해 나간다.

식물이 자기 씨앗을 널리 퍼뜨리는 방법에는 여러 가지가 있다. '동물에게 먹히기'도 그런 방법의 하나다. 식물이 탐스럽고 달콤한 열매를 맺는 것도 동물에게 먹히기 쉽게 하기 위해서다.

동물이 식물 열매를 먹을 때 열매와 함께 씨앗도 몸속으로 들어간다. 이때 부드러운 열매, 즉 과육은 소화되고 흡수되어 영양분이 되지만 씨앗은 소화되지 않고 배설물과 함께 몸 밖으로 빠져나온다. 씨앗이 동물의 소화기관을 빠져나가는 데는 많은 시간이 걸린다. 씨앗이 배설물에 섞여 몸 밖으로 배출될 즈음이면 그 동물들은 이미 멀리 이동한 뒤이므로 씨앗 역시 멀리 퍼져나간다.

식물 열매는 왜 붉은색을 띠거나 달콤한 맛을 낼까? 동물을 유혹하여 '먹히기' 위해서다. 별것 아닌 것 같지만 이는 매우 치밀하고도 체계적인 전략을 동원한 방법이다. 예컨대 제비꽃 씨앗은 개미를 이용한다. 제비꽃 씨앗을 자세히 살펴보면 엘라이오솜(Elaiosome)이라는 젤리 상태의 물질이 붙어 있다. 개미는 이 엘라이오솜을 저장해 두었다가 필요할 때 먹으려고 집으로 가져간다. 나중에 개미가 제비꽃 씨앗에 붙은 엘리이오솜을 먹어 치운 뒤에는 씨앗만 남는다. 녀석은 쓸모없게 된 제비꽃 씨앗을 개미굴 밖 쓰레기장에 내다 버린다. 제비꽃 입장에서는 다행스러운 일이 아닐 수 없다. 개미굴은 땅속 깊은 곳에 있어 제비꽃 씨앗이 싹을 틔우기에 적합하지 않기 때문이다.

신기하지 않나? 이 모든 일이 우연으로 보이는가? 그것은 당신의 착각이다. 이는 개미의 습성과 생태를 정확히 알고 활용할 줄 아는 제비꽃의 영리한 전략에서 비롯된 결과이기 때문이다.

인류는 자신이 식물을 재배하고 지배하면서 지혜롭게 이용한다고 믿는 것 같다. 과연 그럴까? 통념에서 벗어나 관점을 달리해서 생각해보자. 식물과 연결된 인간의 수많은 선택과 행동이 실상은 새가 달콤한 열매에 열광하고 개미가 엘라이오솜을 먹기 위해 무거운 제비꽃 씨앗을 낑낑거리며 개미굴로 운반하는 행위와 근본적으로 다르지 않을 수도 있다.

오늘날 인류는 전 세계적으로 온갖 다양한 식물을 재배한다. 만약 식물의 최대 존재 목적이 '씨앗 확산'에 있다면 지구 구석구석까지 영역을 확장한 식물이야말로 가장 큰 성공을 거둔 생물일지도 모른다. 게다가 인간에 의해 재배되는 작물들은 하나같이 살뜰히 보살핌을 받으며 성장한다. 인간은 밤낮으로 부지런히 움직이면서 씨를 뿌리고 물과 비료를 주며 정성껏 식물을 돌본다.

최종 목적을 달성한 식물이 인간의 기호에 맞게 형태와 성질을 바꾸는 일 정도는 아무것도 아닐지 모른다. 이에 대해서도 관점을 바꾸어 생각해보면 인간이 식물을 제멋대로 개량한 게 아니라 식물이 인간을 유혹하기 위해 자유자재로 변신해온 것일 수도 있다.

인류 역사는 인간이 식물 재배를 시도한 그 시점부터 시작되었다. 즉, 인류는 비탈립성 돌연변이 밀 씨앗을 맨 처음 땅에 심어 농경을 시작한 뒤 '부'를 창출하는 방법을 터득해갔다. 이후 빈부격차가 발생하고 갈수록 커져 왔으며, 인류는 부를 얻기 위해 평생을 바쳐 일해야 했고 지금도 뼈 빠지게 일하고 있다.

만약 지구 밖에서 온 생명체가 지구를 관찰한다면 어떻게 생각할까? 그의 눈에 비친 지구의 진정한 지배자는 누구일까? 어쩌면 그것은 '인간'이 아니라 '식물'일 수도 있지 않을까? 아니, 한발 더 나아가 그 외계인은 인류를 '지배자인 식물의 시중을 드는 가엾은 노예'로 자신의 별에 보고할 수도 있지 않을까?

이 책이 당신이 통념을 깨고 사고의 틀을 넓히는 유용한 도구가 되기를 소망해본다.

— 이나가키 히데히로

참고문헌

재레드 다이아몬드, "총, 균, 쇠", 문학사상사(2005)(2013)
"감자가 걸어온 길 – 문명·기아·전쟁"(원서: ジャガイモのきた道—文明·飢饉·戦争, 山本紀夫, 岩波書店, 2008)
"감자의 세계사 – 역사를 움직인 '빈자의 빵'"(원서: 伊藤章治, "ジャガイモの世界史—歴史を動かした「貧者のパン」", 中央公論新社, 2008)
"고추의 세계사 – 매콤하고 화끈한 '식탁 혁명'"(원서: トウガラシの世界史 - 辛くて熱い「食卓革命」, 山本紀夫, 中央公論新社, 2016)
"먹는 일본사"(원서: 樋口清之, 食べる日本史, 朝日新聞社, 1996)
"문명을 바꾼 식물들 – 콜럼버스가 망친 종자"(원서: 文明を変えた植物たち コロンブスが遺した種子, 酒井伸雄, NHK出版, 2011)
"보리와 자연사 – 사람과 자연이 기른 보리 농경"(원서: 麦の自然史-人と自然が育んだムギ農耕, 有村誠 외, 北海道大学出版会, 2010)
"세계를 바꾼 작물 – 유전과 육종 3"(원서: 藤巻宏·鵜飼保雄, "世界を変えた作物—遺伝と育種 3", 培風館, 1985)
"세계의 채소를 여행하다"(원서: 世界の野菜を旅する, 玉村豊男, 講談社, 2010)
"식문화를 이해하는 사전"(원서: 食の文化を知る事典, 岡田哲, 東京堂出版, 1998)
"옥수수의 세계사 – 신이 된 작물 9,000년"(원서: トウモロコシの世界史—神となった作物の9000年, 鵜飼保雄, 悠書館, 2015)
"와인의 세계사"(원서: 古賀守, "ワインの世界史", 中央公論新社, 1975)
"음식 세계 지도"(원서: 食の世界地図, 21世紀研究会, 文藝春秋, 2004)
"일본 음식사"(원서: 江原絢子·石川尚子·東四柳祥子, "日本食物史", 吉川弘文館, 2009)
"전쟁과 농업"(원서: 藤原辰史, 戦争と農業, 集英社インターナショナル, 2017)
"차의 세계사 – 녹차 문화와 홍차 세계"(원서: 角山栄, "茶の世界史-緑茶の文化と紅茶の世界",

中央公論新社, 1980)
"초콜릿의 세계사 – 근대 유럽이 갈고닦은 갈색 보석"(원서: チョコレートの世界史—近代ヨーロッパが磨き上げた褐色の宝石, 武田尚子, 中央公論新社, 2010)
"토마토가 채소가 된 날 – 독초에서 세계 으뜸 채소로"(원서: トマトが野菜になった日—毒草から世界一の野菜へ, 橘みのり, 草思社, 1999)
Andrew F. Smith, "Sugar: A Global History", Reaktion Books(2015)
Bill Laws, "Fifty Plants That Changed the Course of History", Firefly Books Ltd(2015)
Bill Price, "Fifty Foods That Changed the Course of History", Firefly Books Ltd(2014)
B.S. Dodge, "Plants That Changed The World", Phoenix House(1962)
Elizabeth Abbott, "Sugar: A Bittersweet History", Harry N. Abrams(2011)
Erika Janik, "Apple A Global History", Reaktion Books(2011)
Larry Zuckerman, "The Potato", Pan Books(2000)
Lucien De Guise · Zahir Sutarwala, "Spice Journeys: Taste and Trade in the Islamic World", Zenith Intellect Malaysia Sdn Bhd(2006)
Marc Aronson · Marina Budhos, "Sugar Changed the World: A Story of Magic, Spice, Slavery, Freedom, and Science", Clarion Books(2017)
Marc Millon, "Wine: A Global History", Reaktion Books(2013)
Marjorie Shaffer, "Pepper: A History of the World's Most Influential Spice", Griffin(2014)
Rebecca Rupp, "How Carrots Won the Trojan War" Storey Books(2011)
Sylvia A. Johnson, "Tomatoes, Potatoes, Corn, and Beans: How the Foods of the Americas Changed Eating Arou", Atheneum(1997)
Tom Standage, "A History of the World in 6 Glasses", Bloomsbury Pub Plc USA(2006)